U0527375

被扭曲的
经济学

[美]郭庚信（James Kwak）_著

张亚光　吕昊天 _译

ECONOMISM

Bad Economics and
the Rise of Inequality

中信出版集团｜北京

图书在版编目（CIP）数据

被扭曲的经济学 /（美）郭庚信著；张亚光，吕昊天译 . -- 北京：中信出版社，2022.3
书名原文：Economism: Bad Economics and the Rise of Inequality
ISBN 978-7-5217-3618-2

Ⅰ.①被⋯ Ⅱ.①郭⋯ ②张⋯ ③吕⋯ Ⅲ.①经济学－通俗读物 Ⅳ.① F0-49

中国版本图书馆 CIP 数据核字（2021）第 216946 号

Copyright © 2017 by James Kwak
Foreword © 2017 by Simon Johnson
Simplified Chinese translation copyright © 2022 by CITIC Press Corporation
ALL RIGHTS RESERVED
本书仅限中国大陆地区发行销售

被扭曲的经济学
著者：　　［美］郭庚信
译者：　　张亚光　吕昊天
出版发行：中信出版集团股份有限公司
（北京市朝阳区惠新东街甲 4 号富盛大厦 2 座　邮编　100029）
承印者：　嘉业印刷（天津）有限公司

开本：880mm×1230mm 1/32　　印张：10　　字数：206 千字
版次：2022 年 3 月第 1 版　　印次：2022 年 3 月第 1 次印刷
京权图字：01-2019-3748　　书号：ISBN 978-7-5217-3618-2
定价：59.00 元

版权所有·侵权必究
如有印刷、装订问题，本公司负责调换。
服务热线：400-600-8099
投稿邮箱：author@citicpub.com

致

我最亲爱的经济学家西尔维娅

统治世界的是思想,因为思想决定了现实被感知的方式。

——欧文·克里斯托,1975 年

推荐序一　我们需要什么样的经济学

任何国家的经济发展、社会进步和制度变迁都是一种综合性事件。恩格斯曾经在《反杜林论》(1878)中指出："一切社会变迁和政治变革的终极原因，不应当到人们的头脑中，到人们对永恒的真理和正义的日益增进的认识中去寻找，而应当到生产方式和交换方式的变更中去寻找；不应当到有关时代的哲学中去寻找，而应当到有关时代的经济中去寻找。"[①] 马克思主义认为，人类社会的物质生活制约着全部的社会生活、精神生活和政治生活，人们为改善自身境遇而进行的生产活动是一切经济发展和社会变迁的最根本力量。18世纪中期发轫于英国的工业革命率先开启了人类社会从传统社会向现代社会转型的现代化进程，并极大地改变了人们的

[①] 恩格斯：《反杜林论》，见《马克思恩格斯文集》第9卷，人民出版社，2009年，第284页。

生产生活方式，苏格兰启蒙运动学者亚当·斯密敏锐地捕捉到了"有关时代的经济"的现代气息，并在初步构建的涵盖政治修明、法律公正、社会包容和经济自由等内容的整体性框架的基础上，在《国富论》（1776）中系统地阐述了一种适应于现代社会秩序的理论经济学体系，开辟了经济学的古典时代。

古典经济学与英国工业革命相伴而生，整体性视角是其突出特征。随着工业化进程向其他地区的扩展和现代社会秩序的扩张，特别是在第二次工业革命的来临，中产阶层的崛起，哲学社会科学的分化、细化和职业化的情况下，古典经济学开始受到理论经济学界的批评，并渐次经由"边际革命"等所谓的"科学化"过程进入了新古典时代。英国"边际革命"奠基者杰文斯在《政治经济学理论》（1871）中指出，"能干的但刚愎自用的李嘉图，已经把经济学的车辆开到错误的路线。他的同样能干亦同样刚愎自用的后继者约翰·穆勒，再在错误的路线上把这个车辆开进到更混乱的地步"，其根本原因在于古典经济学的整体性视角和文字性描述导致了概念上的混乱和理论上的混沌，并认为"经济学如果是一种科学，它必须是一种数学的科学"。瓦尔拉斯在《纯粹经济学要义》（1874）中亦指出："当同样的事物，用数学语言可以做出简洁、精确而清楚得多的表达时，为什么一定要像李嘉图经常所做的那样，……用日常语言，在极其笨拙并且不正确的方式下来解释这些事物呢？"在瓦尔拉斯看来，理论经济学或"纯粹经济学本质上是，在完全自由竞争制度假设下确定价格的理论"。

马歇尔在《经济学原理》（1890）中对百余年来的理论经济学进行了有史以来的最大综合，某种程度上达到了新古典经济学的成熟形态，并特别对理论经济学的适用范围做了进一步限定："经济学之作为一种独立的科学存在的理由，就是因为它主要是研究人类活动中最为可衡量的动机所支配的那一部分。"由此可见，从古典经济学到新古典经济学，是理论经济学日趋"科学化"的过程，同时也是越来越失去整体性视角并渐次远离现实世界的抽象化过程。但正如习近平在《对发展社会主义市场经济的再认识》（2001）中强调的："抽象的理论是经过加工提炼的，它形成理论时抽象掉的那些次要因素和属性，在现实中无论怎样都是撇不掉的，依然是活生生的客观存在，特别是它们在一定条件下还会转化为主要因素和矛盾的主要方面。这就要求我们不能将抽象的理论与鲜活的现实划等号。"[①]新古典经济学主要是对"人类活动中最为可衡量的动机所支配的那一部分"的理论抽象和简化表达，它主要是人们理解现实经济活动的参照性框架，而远非现实的经济生活本身，但似乎越来越多的人把这种参照性框架视为对现实经济的真实描述甚

---

① 习近平：《对发展社会主义市场经济的再认识》，见《东南学术》，2001年第4期，第33页。

至制定政策的理论依据，这无疑是对现实经济及其理论回应的严重扭曲。

《被扭曲的经济学》是康涅狄格大学法学院郭庚信教授的一部新著，它以简洁流畅、通俗易懂的语言，系统梳理了以竞争性市场模型为基础的新古典经济学或"经济原理主义"，如何从一种高度简化的抽象理论"被扭曲"为一种误导性的普遍思维和政策指引。在该书中，作者不仅详细描述了"把经济学概念转化成社会理论的思想先驱，把经济、社会问题分析以及政策提案产业化的智库和学术中心，把一些观点重新包装起来并播送给广大非专业读者的媒体人，以及把这些观点简化成自己的竞选标语并借之重塑社会的政治家"在这一过程中所扮演的角色，而且深入探讨了"经济原理主义"在美国劳动力市场、医疗保健、金融市场和国际贸易等领域所产生的政策误导性。作者认为，"竞争性市场模型可能是一种有力的理论工具，但是对展现复杂的现实世界来说，它仅仅是一个开始，而不是最终世界本身。人们越能明白模型的假设和局限性，就越不可能为模型的轻率论断所左右。毕竟，这些论断仅仅在经济学原理课的黑板上才成立。在现实世界中，许多其他的因素会使得世界复杂化，有时候甚至超出了我们的认知水平"。

当然，作者并不是严格意义上的理论经济学家，这本书也不是一部纯粹的学术性著作，但这丝毫无损于该书的理论价值和思想深度。一方面，作者对理论经济学的理解是准确的，对竞争性市场模型的描述是精当的；另一方面，这本书并没有简单地否定竞争性市场模型的理论价值和自由市场经济的现实意义，毋宁说，它更多地立足于现实世界的复杂性和分析视角的整体性，更为深入地探讨了"经济原理主义"的理论含义、适用范围及其政策局限性，从而让"恺撒的归恺撒，上帝的归上帝"，并在这一过程中深化人们对理论模型和市场经济的理解。就个人经历而言，郭庚信教授曾先后获得过哈佛大学的社会学学士学位、加州大学伯克利分校的历史学硕士和博士学位，以及耶鲁大学的法学博士学位，并有着1997—2000年就职于麦肯锡公司、2000—2001年任软件信息技术公司Ariba市场总监、2001—2008年担任软件公司Guidewire Software联合创始人兼执行副总裁等相对丰富的商业经验，同时还拥有一位相识于经济学课堂并朝夕相伴的经济学家妻子，即作者在这本书献辞页提及的"我最亲爱的经济学家西尔维娅"；或许正是这种跨学科的学术训练和知识储备、相对丰富的商业经验和人生阅历，赋予了作者相对开阔的学术视野和敏锐而又出色的现实感，使之成为包括《13个银行家》《火烧白宫》和本书在内的多部畅销书的作者。整体而言，这是一部用流畅通俗的语言阐述重大学术问题的著作，简洁清晰、通俗易懂却又有着足够的理论深度和政策启发性。

目前，我国已进入全面建设社会主义现代化国家的新发展阶段，即到2035年基本实现社会主义现代化，到21世纪中期全面建成社会主义现代化国家，这就要求我们围绕人民日益增长的美好生活需要和不平衡、不充分的发展之间的社会主要矛盾，全面贯彻新发展理念，加快构建新发展格局，努力推动高质量发展，并在这一过程中推动人的全面发展、全体人民共同富裕取得更为明显的实质性进展。正如习近平在十九大报告中指出的，"我们要在继续推动发展的基础上，着力解决好发展不平衡不充分问题，大力提升发展质量和效益，更好满足人民在经济、政治、文化、社会、生态等方面日益增长的需要，更好推动人的全面发展、社会全面进步"[①]；不论是多样化、个性化和不断升级的人民美好生活需要，还是更高质量、更有效率、更加公平、更可持续、更为安全的高质量发展，抑或人的全面发展、全体人民共同富裕，都是一种涉及多领域、多层次、多学科的综合性事件，必然要求我们采取一种更为整体性的视角并积极学习借鉴人类文明的一切有益成果。在这一过程中，《被扭曲的经济学》对竞争性市场模型及其局限性的批判性反思，对于我们如何在新发展阶段推动高质量发展、如何在高质量发展中促进共同富裕，特别是如何在社会主义市场经济条件下"充分发挥市场在资源配置中的决定性作用"和"更好发挥政府作用"等一系列基础

---

① 习近平：《决胜全面建成小康社会 夺取新时代中国特色社会主义伟大胜利》，人民出版社，2017年，第11—12页。

性的重大问题,无疑具有一定的启发性。基于以上认识,我愿意向读者朋友们推荐此书。

胡怀国

中国社会科学院经济研究所研究员、

博士生导师、政治经济学研究室主任

2021 年 9 月 18 日

推荐序二　了解世界运行的规律

我们为什么会感到如此愤怒？将要实施的国际贸易协定引起了大规模的反对，努力平衡预算的尝试让成千上万的百姓走上街头抗议，人们对污染、腐败和银行巨头权力过大等问题感到义愤填膺。来自各个方面的反对票越来越多，对于经济体系，失望、沮丧的情绪似乎正在全球许多地方蔓延。然而，经济学告诉我们，世界公民的生活依然在不断改善，甚至从来没有像今天这样美好。

经济学的基本直觉既简朴又充满力量：市场是个好东西，建立在坚实产权基础上的、不受胁迫的自由交换更好。从这个角度来看，政府在大多数时候更像一块绊脚石。

至少从1980年开始，美国政府和许多其他相对富裕的国家的政府一直都在萎缩。随着中国脱离计划经济和1991年苏联突然解体，这种萎缩日渐全球化。全球化不仅意味着在货物和服务贸易上更大的自由度，也意味着资本和思想具有更大的流动性。全球化已经成为21世纪最流行的发展范式。

我们经历过跨境融合的时代，其中包括19世纪末4 000多万欧洲人越过重洋去追寻更好的生存机会、更多的个人自由与安全。我们不该夸大科技创新的重要性，毕竟，在150多年前，我们仅仅利用铁路、轮船和电报便缩短了世界上最遥远的距离。尽管如此，近几十年来，我们生活的世界无疑比以往任何时候都更加紧密。更重要的是，比起以往任何时候，我们更加频繁地通过国内市场和国际市场进行交易，在这中间，政府干预的角色是微不足道的。

大量事实已经证明，自由市场会带来更好的结果。如果你有一个绝妙的新技术构想，那么你可以说服一位美国风险投资家来资助它，你也可以聘请来自世界各地的工程师来建造它，或者你还可以付钱给一家远在异国的公司去批量生产。看看你的电视、你的笔记本电脑和你的手机（人人都爱的一项现代科技产品），这些电子产品都是通过以上方式才成为你手中的消费品的。

然而，正如郭庾信在这本书中所讲的那样，这里存在一个问题，这还是一个大问题。我们思考经济和谈论经济所惯用的方式非常不全面。对于这个问题，特别是在评估公共政策选择时，我们选择视而不见。它越来越分散我们的注意力甚或蒙蔽我们的双眼。

市场是配置资源的重要机制。你更喜欢某一型号的手机，比如，也许你为了购买苹果手机而放弃黑莓手机，这就向市场发出了一个强大的信号。苹果公司的利润得以增加，厂商将会生产更多的苹果手机。这也就创造了就业机会，不论是在苹果公司高薪聘请科技人员的美国，还是在组装手机零件的国家（部分在中国）。于是美国消费者可以从中获得好处，美国工人和中国工人也能受益。那些在加拿大黑莓智能手机公司里工作的人显然做得不够好。不过，在一个运转良好的市场经济中，他们可以在科技行业的其他部门，或者（直到最近）在蓬勃发展的加拿大能源行业中获得新的工作机会。根据所有职业经济学家都熟知的工作母机模型，资源，即资本与劳动，可以在各个部门之间平滑转换。经济增长带来了更高的收入和更好的机会。

当然也存在例外。最近几十年来，在美国和其他发达的工业化国家中，经济增长没能转化为更高的生活水准，不免让这些地区的国民大失所望。

如果你仅仅了解非常基础的经济学知识（或许它们来自大学一年级的教科书），也没有细细揣摩其中的差别，那么你可能会觉得"取消一切政府干预"之后，经济自然会好转。"更多市场"范式是一个强大的教科书般的寓言，令许多人印象深刻，包括现在美国的当权派。但是，如果你只停留在最简单的经济学概念上，那么这不仅会让你无法全面了解世界市场的运行，而且会让你产生严重的误解。实际上，经济学最基础的理论框架只是一个参照点，这个参照点衍生出了许多更加深入的描述和分析。

和普通人一样，经济学家们的意见也常常相左。在公共政策上，包括许多这本书涉及的问题，学者之间都存在着重大争议，辩论的双方都有令人信服的凭据。不过近几十年来，大量的经济学研究已经对经济学原理[①]做了至少五项大的修改。这本书会提到更多相关内容，此处列举足以让人充满兴趣的几个观点。

第一点，也许是最重要的一点，人们在做出决策时并不是超理性的。超理性决策有赖于完全而准确的信息，这是经济学原理的基础。在人们无法获得完全信息的情况下，政府干预会更加有效。比如说，人们在购买金融证券时对于自己所面对的确切风险是无从知晓的。（这在20世纪30年代和2008年都是颇为严重的问题。）如果你看到一则来自营利性（或非营利性）大学的广告，那么必须仔细查看它宣扬的内容，然后根据教育部的规定核对内容是否属实。当我们偶尔需要处理复杂问题时，比如抵押贷款、教育、个人储蓄或医疗保健等，我们经常会犯错，结果是多付了钱甚至更糟糕。

第二点，政治因素至关重要。这是显而易见的，但在经济

[①] 原文为Economics 101，这是美国大多数高校使用的课程编号，一般所指的课程是经济学原理。——译者注

学的入门阶段通常被完全忽略（坦白地说，到了经济学的中级阶段，情况也是一样的）。如果你能准确掌握政府的想法，或者说服政府站在你的角度看待问题，那么这种能力价值数十亿美元。许多国家对金融系统的监管一再失败，正是因为监管者理解现实的视角与被监管者过于接近。

第三点，现实中不正当的商业策略也会非常奏效。由于消费者缺乏对商品质量的足够认知，商家可以从消费者身上获取额外的收益。显而易见的是，你从某家杂货店反复购买同一种食物，当天晚上回到家就能够判断食物是否熟透了，因为你已经形成了某种确定的口味。但你是否知道专业资金管理的某些关键程序也是在同样的基础上运作的？"委托代理"理论是指你所雇用的代理人未必时刻以你的最大利益为行动基准，听起来像不相关的术语，但它恰恰是左右现实的核心理论，也是主导现代金融组织架构的原则。

第四点，收入分配的规则可以向对你有利的方向倾斜。现代国际贸易条款非常复杂。企业付出长期努力，只为在谈判桌上占有一席之地或者接近谈判桌，以便于制定有利于自身的规则，确保自己在国会中掌握足以影响结果的选票数量。"获取更多补贴"对企业而言是一项完全可行且极具吸引力的企业战略。为削弱政府权力或将政府抉择视为非法而做的一切，都只是为了让资金充足的游说者更快胜选。另外，企业可以通过多种巧妙的方式进入本来已得到效率补贴的领域，包括各式各样的或隐晦或明确的政府承诺。

第五点，并非所有产权都是平等的。许多人并未从经济增长中受益，要么是因为他们几乎没有初始财产，要么是因为他们的产权（拥有一家小企业或者是对一块地产的所有权）升值后就立刻被剥夺了。随着我们的社会越来越富裕，个人通向成功的道路也越障碍重重：获得良好教育的回报（或缺乏这种教育所受的惩罚）大幅上升，与此同时，完成大学学业的实际成本也急剧增加。

对经济学家或其他关心经济的人而言，上述5点似乎不是那么令人愉悦。当今的经济学基本原理不仅仅是一套工具或一个我们可以构建更深层知识体系的架构，更是用于刻意建立意识形态以及强大信仰体系的原材料，特别是在美国（如果你不相信我，那么请阅读第三章）。

经济学家喜欢自诩为科学家，哪怕不是科学家也至少是能够打造良好运转系统的工程师。经济学的逻辑确实很有价值，包括它所使用的数学工具。但是，简化后的经济学故事也日复一日地用于捍卫一系列特定的政策，这些政策实际上相当于允许富人和当权者过得更好，同时必然使得其他人的所得减少。逐渐地，越来越多的人认识到经济学是这样被利用的，2008年全球金融危机及随后令人失望的经济复苏更是强化了这一认识。

太多人只是心理上抗议，实际却投票支持那些不能一以贯之、不能真正带来改变的竞选者。这是一种具有潜在危险性的民粹主义。对于还没吃早餐就敢于许下 6 项不可能兑现的承诺的候选人，把票投给他们绝不是一个好主意。

我强烈建议各位不要匆忙投票，而是先阅读这本书，更好地了解世界究竟是如何运行的，并为改变一切采取行动——支持那些基于合理经济学分析而非以入门经济学做拍脑袋决策参考的政纲。"更多政府"或"更多监管"不一定是答案，"减少政府"或"更多市场"或"更多竞争"也不一定是答案。关于郭庚信在这本书中所谈论的内容，你可以同意，也可以不同意，但是请务必借此良机更深入地思考你的生活，包括何时、何地以及如何被人利用。

西蒙·约翰逊
国际货币基金组织前首席经济学家、研究部主任

目　录

第一章　现实是最好的可能　_ 001

表面的经济学推断能够达到多种目的，在现今世界，这些推断经常能够为已经存在的社会秩序以及由此产生的不平等正名，同时也会说明任何企图改变现有秩序的尝试都是徒劳的。

第二章　市场的魔法　_ 023

在由供求曲线构成的抽象世界里说明一个问题，要比在由人和机构组成的真实世界里容易得多。

第三章　经济原理主义的演进　_ 039

观念必须被精炼成易于理解的形式，并应用于人们关心的话题上，并且还需要通过多种渠道反复传播给各类听众，直到具备了和不证自明的真理一样的外表。几十年来，政客、企业、商业组织、媒体等尝试着通过教授基本的经济学来解决问题。

第四章　受禄源于有功　_ 081

每当人们提出高管薪酬是否过高的质疑时，经济原理主义的拥护者会提醒我们这是符合基本供求规律的。几个世纪以来，谁应该得到什么已经成为一个核心的政治问题。经济原理主义把这个问题从政治领域转移到了抽象理论领域，为竞争劳动力市场提供了完美的、无可争议的解决方案。

第五章　激励即一切　_ 109

在经济原理主义的影响下，很多人认为税收是人为施加给市场的负担，是形成社会福利无谓损失的根源。税收会削减工作与储蓄的激励，从而不鼓励富人创办公司，这将使得市场商业活动缺乏它们所需的资本。减税政策从而成了对收入分配顶端的人群最为慷慨的政策，这加剧了美国社会不平等的程度。

第六章　最睿智的消费者　_ 135

在经济学原理课的模型中，金融激励将人们变成睿智的消费者，但现实世界并非如此。我们有强有力的证据证明，当面临高昂的自付费用时，消费者做出的选择通常并不符合他们的最佳利益。

第七章　资本撬动世界　_ 163

世界上的大型银行往往"大而不（能）倒"——如果它们中的任何一家倒闭，那么这给其他主要金融机构带来的损失会危及整个经济体系。正如美联储前主席本·伯南克在建议国会出台紧急措施时所言："如果我们不这样做，经济体下周一可能就不复存在了。"

第八章 皆大欢喜的世界 _ 195

经济学原理探讨了国际贸易的两个问题。其一，从整体上看，对每一个参与贸易的国家而言，贸易的好处大于损失。这是被经济原理主义广泛接受的基本法则。其二，也是常常被忽视的一点，贸易的损失和好处在一个国家内部的分配是不均匀的，由此导致一部分人变好、一部分人变差。那么，这些理论在现实生活中的适用性又如何呢？

第九章 可能的最优世界——为谁而设 _ 221

经济原理主义的论点经常偏向于有钱人和公司,而不是受失业、疾病影响的普通家庭。经济原理主义是一个框架，它推广了哈耶克版本的由价格机制统治的自由市场,并获得了巨大的成功。然而，经济原理主义终将退出战场，让位于另一种服务于社会上另外一部分人的利益的世界观。

致谢 _ 241
注释 _ 245
译后记 接受经济学训练的意义 _ 289

第一章

现实是最好的可能

> 可以确信的是,事物不可能比它们自身更加美好,由于事物都是因某种目的而被创造出来的,一切事物都是因最美好的目的而产生的。
>
> ——潘格洛斯(法国文学家伏尔泰作品《老实人》中的人物),1759年[1]

戈特弗里德·威廉·莱布尼茨是有史以来最才华横溢的人之一。他是微积分的发明者、自然科学家，也是现代哲学的先驱。不过他的某个中心思想却对应了一个极为基础的神学问题：如果上帝是慈悲的和全能的，那么为什么邪恶和苦难还会存在？他在1710年出版的《神义论》中回答："世界有多种可能的存在形式，上帝肯定选择了最好的一个世界，因为上帝不做违背至高理性的事。"如果当初存在一个更好的世界，上帝就会选择创造那个世界，因此我们都生活在所有可能性中的最好的世界里面。[2] 对莱布尼茨来说，不幸的是，他的哲学因作为法国启蒙主义大师伏尔泰讽刺小说《老实人》中的话题而出名。在伏尔泰写的故事中，潘格洛斯向他的学生赣第德证明，他们所生活的世界是"所有可能的世界中最好的"，之后赣第德就在遭受一次又一次厄运的过程中还愉快地重复着"一切都是为最好的结果而设计的"这样的颂歌。[3]

伏尔泰不仅仅讽刺了莱布尼茨，在更大程度上是为了攻击当时运用宗教维持社会秩序的举动。近代早期的欧洲普遍物质匮乏，其中少数的特权阶层能够生活得相对舒适，而大多数人还在入不敷出的困境中挣扎，这种陈旧的秩序被1789年的法国大革命颠覆了。如果你是法国大革命前某个在欧洲拥有土地的贵族（当时"1%"的人占有了全部财产的60%），[4]那么你会如何解释你跟普通人之间生活水平上的巨大差距呢？你也许不是一个严格意义上的莱布尼茨乐观主义者，但你更有可能寻求宗教的庇护，用宗教的视角来解释社会秩序。根据你的教派，你可能认为社会的经济阶层是由上帝制定好的，或者认为道德高尚的贫困者会在天国因正直而获得回报。根据社会学家马克斯·韦伯的观点，资本主义的发展要归功于加尔文教派新教徒，他们把物质上的成功视作个人得到救赎的证明。[5]无论如何，主流宗教都为巨大的社会不平等提供了完备的辩解。

到19世纪末，工业化和城市工人阶级的崛起彻底改变了西方世界。但社会再次出现了少数非常富裕的家族，如洛克菲勒、卡内基、梅隆和摩根家族。在第一次世界大战前夕，1%的人拥有美国总财富的40%以上。[6]如果你是一位生活在哈得孙谷的富有实业家，你和你的同侪像法国君主般生活，与此同时《另一半人是如何生活的》这种书籍还在揭露城市贫民窟的肮脏，那么你如何使这样一个同时存在两种情况的经济系统合理化？

在启蒙运动之后的世界，传统宗教（在解释社会不平等方面）就不大奏效了。取而代之的是，你可以诉诸现代科学中的达尔文进化论，用它来影射人类社会。美国南北战争后具有巨大影响力的英国哲学家、社会学家赫伯特·斯宾塞就曾声称，社会的进化需要"适者生存"法则："能力不足者的贫困、愚蠢者的痛苦、游手好闲者忍受的饥饿，以及弱肉强食"都最终有助于人性的长期进步。[7] 美国社会学家威廉·格雷厄姆·萨姆纳把这一学说阐释成对富人的赞歌："（百万富翁们）也许在很大程度上被视为天然被选择去承担某些社会工作的一类人。他们拿着很高的薪水，过着奢靡的生活，但是这对社会而言最终是有益的。"任何对这种自然秩序进行修补的尝试都注定是失败的。[8] 对以生存竞争中的胜利者姿态出现的商人而言，这种世界观为他们的财富和社会地位提供了非常恰当的合法性。用历史学家理查德·霍夫施塔特的话来说："（社会）达尔文主义堪称当时最具影响力的思想，当顽固和保守的人想要安抚生活艰辛的同胞时，经常诉诸这类思想。"[9]

让我们将视角放到现在。纵观整个先进的工业化世界，巨额财富同样占据优势。在美国，收入最高的1%的群体从社会总收入中拿走的比例高于历史上的任何时期（除了20世纪20年代末）。世界上亿万富翁所拥有的总财富在过去的20年里翻了两番（这个时期"亿万富翁"的定义已经根据通货膨胀做了调整）。[10] 铺张浪费的现象四处可见，如黑石集团联合创始人苏世民花费 300 万美元举办生日派对，再比如对冲基金大亨、潘兴广场资本管理公司创始人比尔·阿克曼在纽约花费 9 000 万美元购买了自己压根儿没打算入住的公寓。[11] 与此同时，普通人却在挣扎。在美国，普通家庭的收入只比 20 世纪 70 年代早期增长了 8%（根据通货膨胀调整之后），而如此贫乏的增长也要归功于无论是基于个人选择还是为生计所迫，现在更多的人选择工作了；居民收入的中位数实际上下降了。[12] 在 20 世纪 50 年代，一个具有代表性的大公司的 CEO（首席执行官）的收入相当于 20 个普通雇员的收入，而现在他的收入相当于 200 个员工的收入的总和。在过去的半个世纪，贫困家庭的比例实际上维持不变。[13] 水涨了，但并不是所有的船都高了。

　　如果你是华尔街的大佬，或者是身家亿万的对冲基金经理，那么和几个世纪以前的贵族、实业家一样，你也会面对这个问题：怎样解释你和每天在街头邂逅的众人之间存在的巨大财富差距？诉诸基督教神学或者进化论，在今天都无法令人信服。取而代之的是，你可以倒向另外一个绝对真理的来源：经济学原理。这门经济学导论课程告诉我们，每个人的收入等于其边际产出：你必定会收到等同于你工作价值的工资。不平等仅仅反映了一些人比其他人更聪明、更有技巧或者更努力的事实。此外，人为调整这种收入的自然分配（比如政府税收）会降低人们工作的积极性，从而让所有人的处境变差。更通俗地说，供求法则确保了物尽其用，进而最大化社会福利。诸如通过管制来对这些基本准则进行干涉的行为，只会造成"无谓损失"，减少经济体的总产出。我们居住在所有可能性中最好的世界里（或者说一旦摆脱税收和人为调控，我们将会生活在最好的世界里），并非因为上帝已经做得足够好，而是因为其他世界会让每个人的状况变差。

万事万物之关键

把最基本的经济学课堂知识当作对所有社会现象的普遍性解释的习惯被称为经济原理主义[①]。支撑这种习惯合理性的前提是人、公司和市场会根据经济学原理教材上抽象的二维图表决策并行动，即便那些图表背后的假设在现实世界中根本不能成立。通过经济原理主义这一巧妙的维度，人们可以对现实世界做出解释。和其他类似的框架一样，经济原理主义也隐含了

[①] 经济原理主义在某种程度上是一个纯粹的学术词语，一般用于批评那些过高估计经济学价值的人——这些人过高估计了物质条件的重要性，仅仅关注和经济相关的度量标准，在不合适的情况下应用经济学的方法论，或者过分乐于接受经济学的理论。[14] 在本书中，我会用"经济原理主义"表示一种更为特定的含义，即相信几个孤立的经济学基础课程能够准确地描述现实世界。经济学家诺厄·史密斯称这种现象为"101 课程主义"。[15]

一系列的价值判断和政策选择。举个例子，如果一个简单的供求模型显示税收让就业减少，那么人们就可以认为高税率是不好的，必须降低税率。由于这种推论借助了"经济学"的权威，经济原理主义成为一种华而不实的法宝。然而，表面的经济学推断能够达到多种目的，在现今世界，这些推断经常能够为已经存在的社会秩序以及由此产生的不平等正名，同时也会说明任何企图改变现有秩序的尝试都是徒劳的。

对于旨在帮助普通工薪阶层的言论，经济原理主义给出了自己的答案。提高最低工资以后，低收入者就能拿到更多的钱吗？这是一个不错的主意，然而世界并不是如此运行的。祖德·万尼斯基于20世纪70年代在《华尔街日报》（美国商业界最有影响力的报纸）的核心专栏上这样说："任何最低工资的增长都会引致实际产出和就业率的下降。"万尼斯基是里根的顾问，里根也同意这种观点："自大萧条以来，最低工资造成了比其他任何事物都多的苦难和失业。"以对富人多征税来增加公共服务供给听起来是不错的尝试，但格里高利·曼昆（世界上最受欢迎的经济学教材的作者）解释道："随着'高收入纳税人'面临更高的税收，他们提供的服务会变得更少。"或者用2012年副总统竞选人保罗·瑞安的话来说："更快的经济增长、更好的社会状况和更多的劳动力供给的关键是低税率。"[16] 此类例子数不胜数。金融市场、医疗保健、教育以及其他许多领域的问题都可以通过经济优先的原则简化。

这些论调在媒体上以及在政治家的口中出现得太频繁了，以至它们成为当前社会风貌的一个普遍现象。但是这些说法都有一个相同的来源。它们是建立在经济系学生第一个学期就知道的理论之上的：由供求驱动的完全竞争市场模型。在这个模型中，任何产品的供求都决定其价格；价格为个人和公司创造了激励，而这些激励能够确保消费者拿到他们想要得到的，公司也能实现效率最大化，资源在整个经济体中实现了最优配置。正如划时代的经济学家保罗·萨缪尔森在1948年所写的那样，最基本的理论是"30年过后，那些社会精英还能够记住在大学里学过的经济学课程"。[17]（萨缪尔森因《经济学》而被人熟知，他曾经说过："只要我可以写一部官方认可的经济学教材，我就不在乎谁制定法律，也不在乎谁签署复杂的国际协议。"[18]）然而，这个优美的供求模型，依赖于一系列不现实的假设。"完全竞争市场"要求所有的供给者提供相同的产品——没有特征、质量或者其他方面的区别，并且要求每个公司的相对规模都不大，以使每个公司的行为不会影响总体供给。如果假设得不到满足（比如在手机服务市场、航空运输市场、汽车市场、图书市场或几乎全部市场中都得不到满足），那么供给和需求就不一定能够产生最优的价格了，资源的配置就有可能是扭曲的。[19]再如，"最低工资增加失业"的论断假设目前所有雇员都被支付了全部的工作价值，否则就会有雇主支付多一点儿的工资去挖走他们。同样地，这个假设在现实世界的快餐店和酒店中也不太可能是真的，在这些地方，工人没有什么议价权力，而公司就可以占有大部分由工人创造的价值。

经济原理主义做出了必要的假设，并忽略了与之不相符的事实，从而把现实世界中的所有问题简化成了模型，还仍然以相同的模式回答这些问题。从这个意义上来说，经济原理主义更像是一种意识形态。类似地，部分共产主义者把工业化社会解释成一种阶级斗争的产物，无产阶级革命是其不可避免的结果。民族主义是19世纪欧洲另一个意识形态，它把具有相同起源、不同族群的人之间的对抗视为历史进步的动力，其理念是每一个民族需要实现政治上的统一，以维护其在世界中的利益。

共产主义和民族主义在当时颇为盛行，因为它们是顺应时代的：两者各自提供了对世界的解释，吸引了某个重要的利益群体的兴趣。现在，经济原理主义是为我们这个镀金时代正名的最佳方式。韦伯在一个世纪前写道："走运的人很少仅仅因为自己幸运而满意，他更需要知道他有权利去获得这样的好运。"[20] 很多人在开车去热带沙滩的路上经过贫民窟时会感到不舒服。他们所需要的是一个模型，证明他们所观察到的社会不平等仅仅是某个更复杂机制中的一部分，而这个机制有利于整体的利益。

为贫富差距辩护的流行说辞再也不是上帝的决定或者物种

进化所需的适者生存法则。取而代之的是，不平等被认为是必要的，甚至是值得歌颂的，因为不平等是为最广泛的群体提供最大利益的经济系统自然形成的结果。如果政府尝试减少因天赋、学业上的成就或者努力工作而带来的不平等，那么只会让每个人的情况变得更糟糕，因为这削弱了人们工作的动力，并造成了无谓损失。而面对社会中出现问题的地方，比如医保、教育、贫困和犯罪，最好的解决方法就是释放供给和需求的原始力量。

当经济原理主义被用于维护现有的社会秩序时，它就和莱布尼茨乐观主义以及社会达尔文主义具有同样的主张：我们必须接受现有的世界，因为我们改进它的尝试是注定失败的。不过经济原理主义相比之前的思想有所改进，因为它不需要你信仰上帝，甚至不需要你相信人类这个物种的进化——你只要接受经济学原理课程中的准则就可以了。这使得经济原理主义成为占总人口 0.1% 的富豪们无比便利的工具——可以完美地回应"占领华尔街"运动中的抗议者。为什么善良的空想社会改良者想提高最低工资，让税收更具有累进的性质，为医保提供补贴并且管制华尔街的行为？原因很简单，即这些人不懂经济学。正如经济学家威廉·鲍莫尔和艾伦·布林德在他们的教科书中所写的那样，"否定供求法则的尝试往往会有适得其反的效果，有时候造成的结果和目的完全相反"。[21] 经济学的逻辑是证明好心如何办了坏事，这种指出违反直觉的结论的（叛

第一章 现实是最好的可能

逆）快感，让经济原理主义更具诱惑力了。

然而，经济原理主义并不是共产主义或民族主义那样成熟的政治意识形态。经济原理主义提供了一种解释世界的话语体系，但是它缺乏易于理解的学说、政治平台，甚至没有自发形成的拥护者。人们会说自己理解经济学，却没有人宣称自己信仰经济学。不过，经济原理主义如秘而不宣的世界观一般发生着作用：它既是一种解释社会现实的框架，也作为一种思维定式潜移默化地塑造着人们的价值和偏好。

经济原理主义不被认作一种意识形态，这恰恰是其影响力的重要来源。你很容易对自由主义或保守主义这样的意识形态做出赞成或反对的价值判断。如果你认可同性婚姻，你很容易就觉得那些强调"婚姻是专门留给异性相结合的"的人是在胡说八道，你和他们拥有不同的价值观。但是，即便你认为工薪阶层应该挣更多的钱，你也很难觉得用供求概念去解释"为什么提高最低工资最终会伤害工薪阶层"的人是在信口开河。你要么不得不去寻找经济学论证中的缺陷，要么不得不解释为什么经济学在这个话题的讨论上并不合适。

多数人都会诉诸经济原理主义，以此来分析世界并且据此做出行动决策。在如今的美国，当经济学原理课程中的概念能够为自己的目的服务时，保守主义者、新自由主义者和自由主义者都会依赖经济学原理行动——正如奉行克林顿主义的"新民主党"甚至是倡导大政府主义的自由党人那样（虽然他们不怎么这样做）。频繁诉诸抽象的经济学理论让各式各样的人自然地融入当代美国文化。当马克思写下"无产者在这个革命中失去的只是锁链。他们获得的将是整个世界。全世界无产者，联合起来！"时，资本家们都会意识到自己遇到了一个大麻烦。[22] 相反，格里高利·曼昆在他的教科书中写道："市场的均衡结果使得消费者剩余和生产者剩余总和达到最大化。换句话说，均衡的结果是一种有效率的资源配置。"成千上万的学生把这个概念背诵下来以应对期末考试。[23] 经济原理主义往往以抽象科学而不是华丽辞藻的形式传播，这是其强大力量的来源之一。

经济原理主义的影响力也来自其引人注目的优雅而强大的解释力。它能够展现出一个描述世界的模型，在模型中，政策导致的结果由系统化的公理决定，这种必然性正如从假设开始演绎的数学证明那样。记者亨利·黑兹利特在1946年所著的《一课经济学》中，有如下内容：

> （经济学）是认知必然结果的科学。我们用个简单的代数方程来说明这一点。假设 $x=5$，且 $x+y=12$，这个方程"解"是 $y=7$。这个结果十分精确，是因为它是通过正确的计算得出的，这个未知数等于7……答案已经蕴含于问题的陈述之中……这些科学道理对经济学来说同样适用。[24]

不断诉诸纯粹逻辑成了经济原理主义的特征。模型说明了人为设定最低工资会增加失业，因此最低工资造成了失业。模型说明了增加税收会减少储蓄进而抑制经济增长，因此增加税收会抑制经济增长。（潘格洛斯或许应当感到骄傲。）经济原理主义展现出了一幅干净整洁的画面，把世界剥离成最基本的组成要素，各要素之间可以简单迅速地相互联系，并剔除凌乱且不合意的事实。如果你正在尝试着去了解世界，那么上述逻辑多半会让你失败。如果你正在尝试去赢得一场辩论，那么这么做就会大有裨益。

这种把复杂的社会现象优雅地简化成供给和需求曲线的行为，会对思维容易受到影响的学生们产生很大的作用，这些学生有时会认为他们第一次看清了这个世界。罗伯特·伯克把他在法学院学习经济学的经历描述成一种"对宗教信仰的转换"，这种转换"改变了我们对整个世界的看法"。他之后重新编写反垄断法并成为一位极具影响力的上诉法院法官。杰布·亨萨林，现在是众议院金融服务委员会的主席，他在回忆本科阶段的学习时说道："我突然明白了自由市场经济是怎样把最大数量的产品提供给尽可能多的人的，我也开始确信如果我有这样的机会的话，那么我会就任公职，进一步推动自由市场经济的建设。"经济学畅销书也会有类似的效果。凯莉·卡伦德说："我开始读书，开始看博客，并开始真正地深入其中。我读的第一本书是托马斯·索维尔写的《经济学的思维方式》，然后成了作者的死忠粉。"卡伦德之后开始写博客并且成为新茶党运动①的发起者之一。[25]

经济原理主义与经济学

不过，经济原理主义与经济学或者"新古典"经济学都不是一回事。[26] 优秀的教科书作者和老师会非常谨慎地强调概论课程中抽象理论所需的假设及其局限性。正如专栏作家马修·伊格莱西亚斯所提到的，在经济学原理课上认真听讲的人会学到很多"自由主义"的教条。比如，自然垄断需要被管制以及市场往往会产生过多的污染。[27] 如果得到正确运用的话，那么由供求关系驱动的自由竞争市场模型可以成为一种具有强大解释力的工具，这也是通常情况下经济学家思考问题的起点。举个例子，即便是崇尚最低工资的经济学家也会从分析最低工资如何影响劳动的供给和需求这一点开始。但是他们并不会停留在这一点；他们研究现实世界和模型假设之间的区别，提出把这些区别纳入分析中的理论，并利用经验数据来检验理论。

你可以这样认为，大多数先进的经济学理论都与区分现实市场和抽象市场有关。产业组织理论处理的是与不满足完全竞

---

① 美国自由主义人士于 2009 年在多地同时发起的抗议美国政府增加税收等举措的运动。——译者注

争假设的市场有关的问题。环境经济学致力于研究那些在不受管制的市场中无法实现最优"生产"的商品。行为经济学展现了人们违反理性行为假设的方式。诸如此类还有很多。"学术声望建立在新的富有想象力的对市场失灵的研究之上。"经济学家丹尼·罗德里克如此写道。[28] 例如：乔治·阿克洛夫、迈克尔·斯宾塞和约瑟夫·斯蒂格利茨因为展现信息不对称如何影响市场而获得了诺贝尔经济学奖；罗伯特·席勒因为论证证券市场如何被非理性行为驱动而获得了诺贝尔经济学奖；而埃莉诺·奥斯特罗姆则因为描述了现实世界的组织怎样比抽象市场更好地解决问题而得到了诺贝尔经济学奖。在每一个案例中，他们的理论都是建立在经济学原理课程的模型上的，并凭此提供一种对现实世界中的行为更为丰富、更为准确的描述。"尽管总的来说经济学家相信市场，"经济学家马克·托马写道，"但他们不断识别出市场失灵的案例，然后设计出可以让市场更好运作的政府政策。"[29]

经验丰富的经济学家同样也知道，任何模型的假设都很难在现实世界中成立。许多经济学家运用大型数据集和日益复杂的统计学方法来研究真实商品与服务的市场。如今，收集和分析数据的能力是对经济学教授的基本要求。正如专栏作家贾斯廷·福克斯所说："经济学现在完全是关于数据的学科了。"[30] 大量的不断增长的实证研究增进了我们对许多问题的理解，从税收对储蓄的影响到幼儿教育的长期价值，再到枪支和犯罪的关系。分析和解释数据的方法当然不止一种。但是总的来说，经济学这个行业已经朝着把现实世界从理论构造中分离出来的方向大踏步前进了。近几年，前沿性的研究甚至让少数学术型的经济学家成为名人，比如史蒂芬·列维特因为《魔鬼经济学》名声鹊起，而托马斯·皮凯蒂靠着他 600 页的关于财富分配的著作，在 2014 年轰动一时。

如经济学家约翰·康姆洛斯所说，问题在于"大多数经济学原理课上的学生并不会继续学习经济学，所以他们永远没有机会接触所学理论更为精细的形态，在接下来的生活中也因此等于被灌输了一些并不完全正确的理论"。结果就是诺厄·史密斯所写的那样："如果经济学专业的学生认为他们所学的理论大多数是正确的，那么他们在生意上和政治上都会做出糟糕的决定。"[31] 对于电视广播和互联网问题的复杂的政治讨论并不是由严谨的经济学研究而是由经济原理主义决定的，这就把复杂的问题简化为抽象的、与现实脱节的模型。其简单朴素、易于记忆的论述并没有发表在需要同行审稿的相关经济学杂志上，而是产生于有政治目的的智库中，继而被媒体放大、被说客不断重复，最终被政治家当作其政治演说中引人喝彩的辞藻。经济原理主义不过是经济学原理被不断重复而最终形成的无稽之谈，用罗德里克的话来说，就是"能够轻易嵌入大众意识的叙述"。他继续写道："这些无稽之谈般的叙事通常具备容易使人上当的术语表述（例如，'税收扼杀激励'），并且也与明确的政治意识形态保持同步。"[32] 经济原理主义就是你大一学过经济学模型后把诸多假设抛诸脑后残存下来的那些东西，它从不会为真实世界的数据所质疑。经济原理主义这种东西正是"一知半解反而有害"的案例。

以观念为理解核心

这是一本关于经济原理主义的书，本书介绍经济原理主义是如何简化并扭曲经济学思维的，以及它在今天为何如此受欢迎，它迄今都对美国的政策讨论造成了什么危害。我的目的并不是强调经济学原理课上的模型是"错误"的，而是探求这些模型被如此之多的人频繁地流于表面运用的原因。同样地，这也不是一本反对"自由市场"的书。完全竞争市场可以是一种绝佳的事物。问题在于，日常案例中自由市场的概念过于频繁地在不假思索的情况下就被运用到整个社会的互动层面，毫不考虑现实世界的复杂性。

本书描述了一类理念的发展路径，它们产生于基本的经济学理论并且在我们的社会和政治组织中传播，塑造了我们理解世界的方式。本书探究了一组少量的、被人们公认不现实的假设理论概念能够在当代社会广泛传播的原因；讨论了有影响力的评论家和政治家为何如此自信地坚持把这些经济学概念当作解决社会问题的关键，而不是调查现实的情况；说明了为什么经济学教条的威望成功地被某一种多数经济学家并不认可的世界观利用；指出了系统性地过高评价经济学原理课中的准则到底会使谁受益。

对许多人来说，经济原理主义本质上是令人生畏的，它所需的数学基础特别令外行印象深刻。这就是经济原理主义的主张能够如此具有说服力的一个原因：大多数人都不知道如何反驳一种伪装成纯粹数学理性的论点。下一章将介绍供给、需求、市场均衡和社会福利等基本概念，简言之就是经济学原理，帮助你理解大多数流行经济论点的逻辑。

在介绍完基础概念后，我给出了经济原理主义能在当代美国成为主流思维方式的历史解释，尤其是在那些批评政府干预了私营部门的人中。在讲述这个问题的过程中，我会着眼于一些经济学家、机构人员、媒体人物和政治家，正是他们粉饰了经济原理主义并将其捧到大众面前，不断重复，直到让它看似不证自明。

其后章节介绍了经济原理主义对当代社会中一些非常重要的特定问题所产生的影响，包括劳动力市场、税收、金融、医疗保健以及国际贸易。这些章节会对经济学原理课上的概念如何影响当下某些最为紧迫的争论做出评价。最低工资应当提高吗？税率是不是太高了？人们应当为医保支付更多吗？我们应当收紧对华尔街的管制吗？我们是否应该接纳最新的"自由贸易"主张呢？再后面的章节则涉及如下几点：学校改革，其中关于学业责任制和择校的运动是基于教育应当像其他服务一样进行分配的理念；宏观经济政策，通常是基于印钞会导致通货膨胀或者政府支出会抵消经济衰退之类的简单模型；关于刑法，其中更加严厉的量刑政策在某种程度上是为了"增加犯罪成本"。我为本书选择了这些话题，原因在于它们确实和每个人都相关，它们清楚地展现了教材中模型的局限性，并且说明了几个简单的理念对权力和财富在当地社会的分配所产生的影响。

每一个案例研究都展现了经济学原理中的基本工具如何被公式化地运用在某个特定政策问题上——通常来讲，就是供求关系的力量会创造出所有可能实现的世界中最好的那一个。然后本书会解释为何这些简单的模型无法准确地表现我们复杂的社会，并简要地展示一些具体的经验研究来证明事实要比导论类教科书复杂得多。我的目的不是验证孰对孰错，而是证明过于执着地认同简化的模型会对涉及成百上千万人的讨论和政策产生负面影响。在多数时间里，这种影响加剧了经济体系中的不平等或者将其合法化。

本书并不会使你成为一个经济学专家，但是它能够帮助你看清自封为专家的一群人盲目传播的使人误入歧途的片面真理。我们通过重重透镜来认识当前所处的环境。离开某种将我们视野组织起来的解释框架，想要弄清楚一种复杂的社会秩序是不可能的。我们能够付出的最大努力，就是认识到经济原理主义之类的解释性体系,会竞相把它们的结构和含义施加到我们周遭的现实上。只有到了那个时候,我们才能从"我们所生活的世界是所有可能性中最好的"这种幻觉中逃脱,之后为如何改进现在的世界设定目标。

第二章

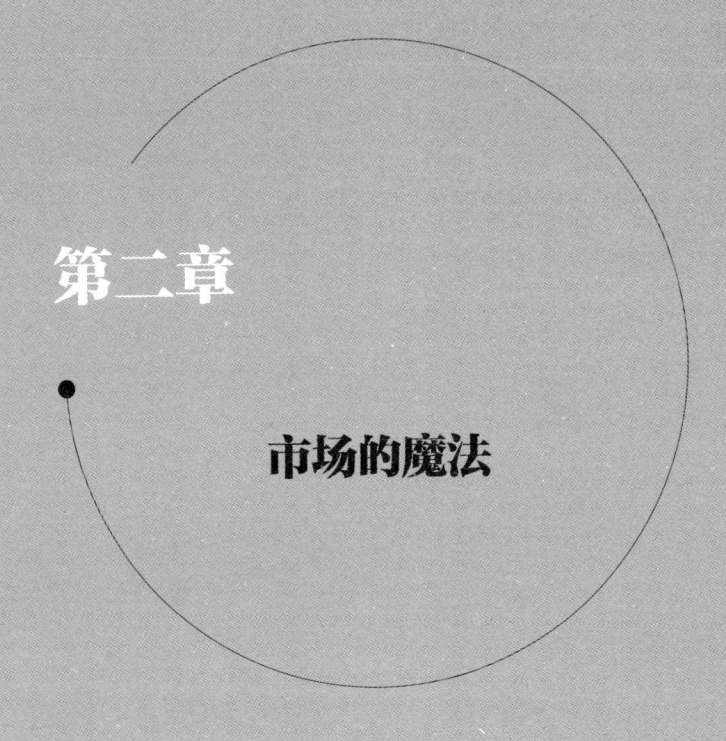

市场的魔法

抓一只兔子,然后让它学会说"供给和需求",你就得到了一位优秀的经济学家。

——欧文·费雪,1907 年[1]

经济学原理究竟是什么？也许你在很久以前上过经济学课程，但早就把学的东西抛在脑后；也许你根本没有上过经济学课程。无论是哪一种情况，本章内容将简明扼要地向你呈现萨缪尔森所说的"大多数人在上过经济学原理课之后无论如何都会记得的"关键理论。

经济学概论是从供求关系驱动下的完全竞争市场模型开始的。该模型概括如下：个人和厂商都持有有价值的东西，双方在"市场"中交易以得到其他有价值的东西。因为没有人是被迫交易的（至少在理论中是这样的），所以交易只有在对双方都有利的时候才会发生。在此条件下，价格会自动调整到使供求达到均衡的水平上。最终的价格会使得每个人都得到尽可能多的好处。换句话说，市场创造了所有可能的世界中最好的一个。

我们以雪铲为例。如果雪铲非常便宜，比如1美元一个，人们就想买很多雪铲。如果你现在正在用的雪铲出现磨损了,你就会买一个新的。你也许会再买一个,给你的孩子当玩具。你甚至可能还会买一个备用,以防现在使用的雪铲丢失。但是如果雪铲很贵,比如100美元一个,那么很少有人会买雪铲了。即便你现在用的雪铲脏了,你也会继续使用它,或者买一个吹雪机代替脏掉的雪铲,或者花钱叫人帮你把车道清理出来。总的来说,一个东西的价格越高,想买它的人就越少。这是图2–1中的需求曲线背后的逻辑。对于任意给定的价格(纵轴),图2–1显示了人们想要购买的雪铲的总数量(横轴)。[①] 需求曲线并不一定是一条直线,但对大多数商品来说,需求曲线的确是向右下方倾斜的。

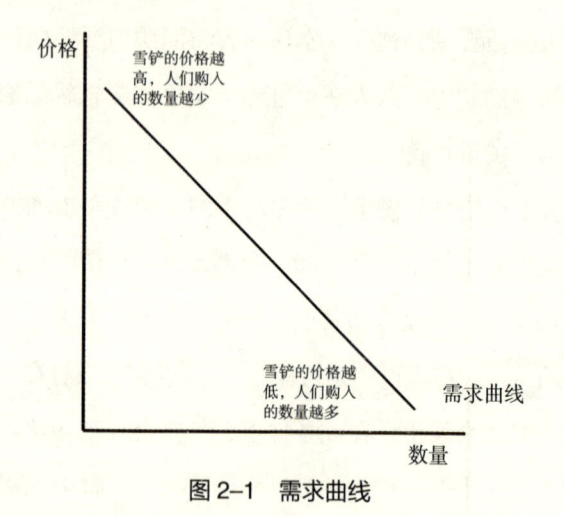

图 2–1 需求曲线

---

① 从数学的角度看,这条倾斜的曲线意味着两者负相关,至少我们会将数量看作价格的函数。这也是经济学家通常的逻辑。

接下来是供给曲线（见图 2-2），它和需求曲线正好相反：在价格更高时，生产雪铲的公司会制造并销售更多的雪铲。在价格更高时，总供给增加的原因主要有两个。首先，在任意时刻，公司已经决定好了为工厂租多大的土地、购买多少机器、雇用多少工人。如果其想迅速增加生产，就需要租更大的土地、购买更多的机器、雇用更多的工人或者付加班费，这些行为在短时期内的代价是高昂的。因此，至少短期看来，生产额外雪铲的花费会越发高昂。其次，供给曲线包括了能够生产雪铲的所有公司。其中一些公司会比其他公司更有效率：一些公司能够以 10 美元的成本生产，而其他公司的生产成本是 20 美元。如果价格为 10~20 美元，那么只有前者会生产雪铲；如果价格高于 20 美元，那么这两类公司都会生产，所以总供给就增加了。因此，供给曲线大体上反映了生产的成本：随着总量的

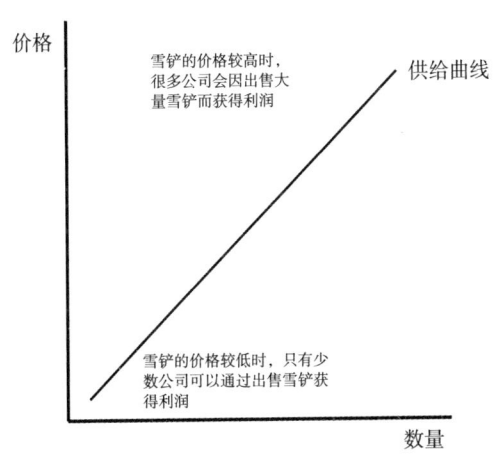

图 2-2 供给曲线

增加，单位产品的成本也会增加。

而雪铲的市场价格是图2-3中供给曲线和需求曲线的交点：15美元。如果价格变得更高（比如20美元），供给就超过了需求，厂商会生产过多的雪铲；之后，由于深陷存货卖不出去的困境，厂商会折价出售雪铲，将价格降到15美元。如果价格变得更低，需求就超过了供给；厂商会意识到即便价格提高，也能消灭库存，这就使得价格回到15美元。15美元就是最后的均衡价格，因为当价格处于这个水平时，厂商生产出的雪铲数量刚好等于消费者愿意购买的数量。

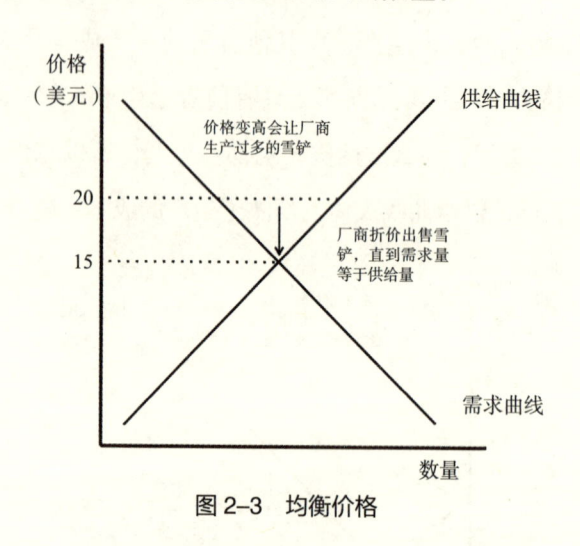

图2-3 均衡价格

这是好事。请思考一下需求曲线和供给曲线的意义。需求曲线在均衡点（曲线的交点）左侧的部分，代表了认为雪铲的价值高于15美元的人。（想象一下体形微小的人们排队站在需求曲线上；曲线的高度代表了每个人愿意为雪铲支付的价格。)他们从购买中得到的价值和他们实际支付的价格之间的差值就是他们从交易中获得的收益。如果雪铲卖15美元而你认为雪铲值25美元，那么你在买雪铲之后就获得了10美元的收益，如图2-4所示。供给曲线在均衡点左侧的部分，代表了能够被厂商以低于15美元的价格出售的雪铲；由于厂商实际上能够以15美元的价格出售它们，差价就是厂商获得的额外收益。

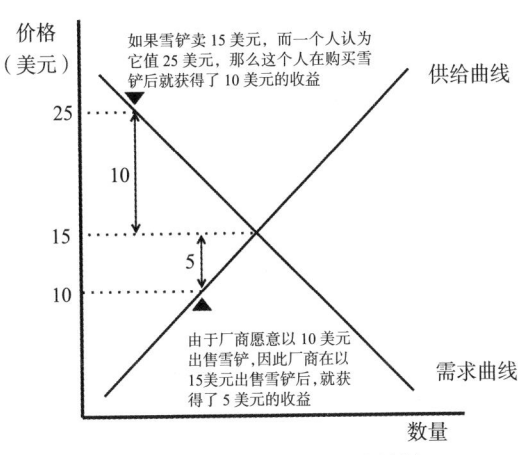

图2-4 双方均能从交易中获益

买方从贸易中获得的收益被称为消费者剩余，如图2-5所示；卖方从贸易中获得的收益被称为生产者剩余；消费者剩余和生产者剩余的总和就是社会福利。由供给和需求支配的市场实现了社会福利的最大化。能以低于某人支付意愿的价格进入市场的雪铲全部都被生产出来了。此时，厂商不应该生产更多的雪铲，因为这将产生比任何人的支付意愿都高的生产成本（如图 2-5 右侧部分所示）。我们又身处所有可能的世界中最好的那一个了。

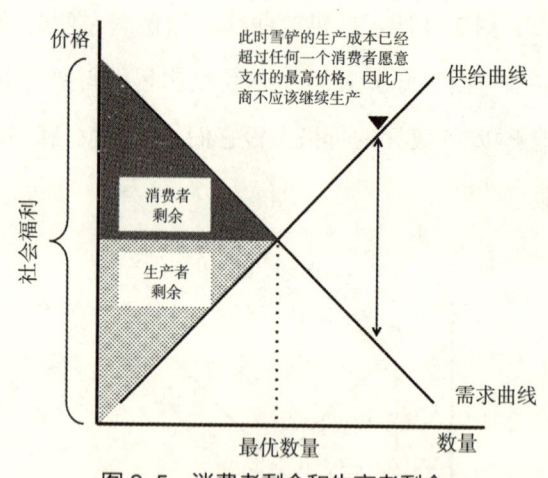

图 2-5 消费者剩余和生产者剩余

而这样的世界每时每刻都在变得更好。在均衡点上，记住，厂商出售停止生产前的最后一个雪铲（按经济学术语来说就是"边际雪铲"）是不赔不赚的。这一点必须是正确的，否则厂商就会生产更多的雪铲并把它们卖掉以获取利润。所以雪铲的价格必须等于它们的边际成本，这是生产最后一单位产品（生产这一单位产品的成本是最高的）所需要的成本。

如果某位企业家想出了质量相同、成本更低的雪铲的生产方法又会如何呢？答案是，他可以开一家新公司了。随着他的公司不断发展，以及他的竞争者不断模仿他的方法，供给曲线将会"向外移动"（向右移动）：在任何价格水平上，整个行业愿意销售比原来更多的雪铲，因为该行业能够以更低的成本生产雪铲。结果就是产生了一个新的均衡点——更低的均衡价格和更高的均衡数量。总的社会福利（生产者剩余和消费者剩余的总和）比原来更多了，如图2-6所示。从长期的角度看，创新和竞争的力量确保了产品变得更加物美价廉，同时浪费资源的厂商会被更有效率的厂商替代。更美好的是，当有远见的企业家们辨识出并推出了新的产品或者服务（手机、新的机器、宠物机器人，或者是其他现代生活中的高科技产品）时，他们就创造了新的市场，每一个市场都有需求曲线、供给曲线，两者之间就会存在大量社会福利。

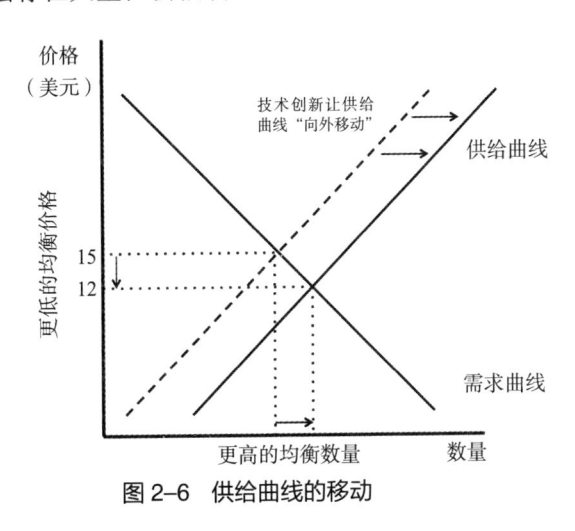

图 2-6 供给曲线的移动

现在我们已经大体了解了单一产品市场。让我们把镜头拉远，以整体的视角观察经济。每一种产品或服务的价格都是由供求决定的，而这些价格的相互作用决定了资源在整个经济体中的配置。假设（为了使问题看起来简单）雪铲是由两种材料做成的，即木头和铝。最初，一定数量的木头和一定数量的铝被做成了雪铲。但在这之后，假设汽车制造商越来越多地使用铝，以使汽车更加轻量化，生产也更有效率。这意味着铝的需求曲线向外移动（向右移动），其价格也会增加。这使得生产雪铲的成本增加了，所以雪铲的供给曲线会向内移动（向左移动）。雪铲会变得更贵，所以人们购买雪铲的数量减少了。（和图2-6的情况正好相反。）

上述情形值得称道。汽车制造商找到了让铝更有价值的方法，所以，从社会的角度来看，我们想让更多的铝流入汽车制造业，更少的铝用于制造雪铲。价格在不同的单一产品市场之间传递了信号，而这些信号影响了资源在各种可能的使用方式之间的配置。汽车市场的创新不仅仅导致铝从雪铲行业转移到了汽车行业；更高的铝价还导致矿业公司增加了勘探和开发铝土矿（用于生产铝的矿石）的投资，这就增加了对采矿设备等产品的需求；更贵的铝同样推动雪铲的制造商设计消耗更少铝材料的产品，这将鼓励科学家发明新型材料。供给、需求和价格共同确保了劳动和资本不断地被引流到可以为社会做出最大贡献的地方。

截至目前，这听起来真的像所有可能的世界中最好的那个。但是有的人，特别是那些没上过经济学原理课的人，或许不会同意。假如一家五金店一直以 15 美元的价格出售雪铲，然后某天晚上突然来了场暴风雪，那将会或者应该发生什么事情呢？

在短期内，以及在限定的范围内，比如在一座小镇中，雪铲的供给曲线是垂直的并且不能改变：无论价格是什么样的，存货都是固定的，因为五金店里面的存货就是全部的供给。然而需求曲线可以迅速发生变化：在暴风雪之后，你很快就会意识到需要清理私人车道。那么在任意给定的价格水平上，更多的人将愿意购买雪铲。需求曲线向右移动，如图 2-7 所示。新的均衡价格（使供求相等的价格水平），将会是 20 美元。因此五金店需要把价格提高到 20 美元。这是确保雪铲最后流向对

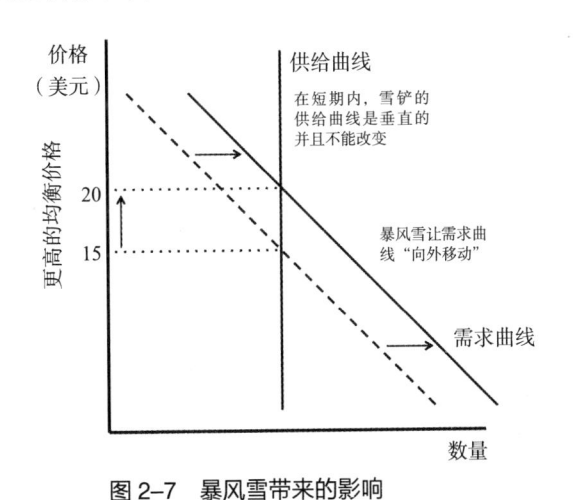

图 2-7 暴风雪带来的影响

它们评价最高（超过20美元）的人们的唯一方法，以保证社会福利的最大化。如果雪铲价格保持在15美元这个水平，就会出现短缺的情况。需求会超过供给，一些认为雪铲只值16美元的人也会得到雪铲，而一些认为雪铲值26美元的人则不能得到它们，这减少了社会福利。

这样一来，由灾难导致的短缺出现时，提高价格（即哄抬物价）就名正言顺了。这种行为在美国的很多州都是违法的，大多数人也认为这是不道德的。丹尼尔·卡尼曼、杰克·尼奇和理查德·塞勒等行为经济学领域的开创性学者进行过一项随机抽样调查，82%的人认为在暴风雪过后，五金店把价格从15美元提高到20美元是不公平的。但是学过经济学的人就不会这么想。当塞勒在芝加哥大学商学院问自己的学生这个问题时，76%的人认为五金店在暴风雪过后涨价没什么错。在一项芝加哥大学布斯商学院组织的调查中，经济学家们强烈反对州法律提案将哄抬物价判为非法。[2]

那么谁是正确的呢？如果供给真的是固定的，那么更高的价格就不会鼓励更多的生产者进入市场，问题就变成了一个纯粹的分配问题：谁应当得到雪铲？价格机制是由人们的支付意愿决定的，支付意愿部分取决于人们从雪铲中获得的收益，也反映了人们的富裕程度。所以在家工作的风投资本家买得起雪铲，但是被解雇在家的单身母亲就买不起。在大多数案例中，我们依赖于价格机制，是因为可供选择的其他分配机制也有着各自的问题：你能想象五金店要求人们解释自己有多么需要雪铲以此来申请获得雪铲吗？但是有时候，当某些东西成为特别有价值的产品时，我们不会通过价格机制分配它们，因为大多数人都认为这么做是不公平的。比如在2009年，H1N1流感肆虐的时候，疫苗在美国是由美国疾病预防控制中心和以孕妇等高危人群为服务目标的州立机构分配的，而不是由价格系统分配给富有的疑病症患者。[3]

哄抬物价行为有一个很合理的借口，就是供给一般不是完全固定的。当自然灾害发生时，额外提高水、手电筒、电池以及其他生活必需品的供给是有可能的，但是与此同时必须付出高昂的成本。换一种说法，如果零售商有机会在紧急状况中赚取更多的利润，就会在手头保留更多的存货；如果灾害发生的话，那么这肯定是有利可图的。[4]

关于哄抬物价的争论，实际上展现的是效率和公平之间的对立。完全竞争市场模型在一些特定的假设下会最大化生产和分配的效率：资源将会转化成产品，而这些产品会按照能够最大化社会福利（生产者剩余与消费者剩余之和）的方式进行分配。然而按照正常人的直觉，最终产生的结果似乎并不公平。正如保罗·萨缪尔森在其极具影响力的教材中所写的那样，"约翰·D. 洛克菲勒的狗可以享用牛奶，那可是一个贫困儿童为了预防佝偻病正需要却买不起的东西。原因何在？是因为供给和需求模型并不奏效？并不是。原因在于供求模型只会做被设计好的事情，即把商品送到能支付最高价格的人手中"。[5]这在任何时候都是成立的；飓风期间的哄抬物价行为只能让这一点更为明显。

约翰·D.洛克菲勒的狗的故事，告诉我们完全竞争市场对不平等漠不关心。或者，说得更清楚一点儿，如果不平等是由竞争性市场的运作产生的，那么这种不平等一定是为了最好的结果而出现的。模型的魔力实际上是它选取了一种大多数人都接受但是抱有疑虑的现象——富有的人能够比贫困的人获得更多、更好的东西，并将其转换成一种总体繁荣背后的重要驱动因素。"不平等不仅仅是我们必须与之共同生存的事物，它还是我们能够活在最好的世界中的核心原因。"这就是经济学原理受到那些为当今富裕世界的高度不平等辩护甚至叫好的人偏爱的原因。

如果经济学原理仅仅是对经济精英的宣传的话，它的影响力就是有限的。然而，完全竞争市场模型最为关键的内涵，对许多试图了解其秘密的人来说都十分具有吸引力。这种精巧的模型承诺，让人们仅仅用少量图表就可以解释几乎所有的社会现象；此外，它还会吸引许多自以为无所不知的人，他们渴望解释为什么自己是正确的而其他人是错误的。学会运用供给和需求的概念，你就能够理解一长串可以在鸡尾酒会上吸引他人的论断：大公司的CEO（首席执行官）并没有被支付足额的工资，富人应该为他们的投资交更少的税，美国人并没有为健康保险支付足够的费用，等等。

通过这些简单的论点赢得辩论并不是多难的事情。在由供求曲线构成的抽象世界里说明一个问题，要比在由人和机构组成的真实世界里容易得多。这是经济原理主义能够广泛传播且如此有力的主要原因。但是我们生活在现实世界中，并不是生活在教科书里面。本书的其余部分会考查经济原理主义对关涉数亿人的主要政策争论所造成的影响，以及它给这个过程带来的极大危害。

第三章

经济原理主义的演进

> 每一个企图取代旧统治阶级的新阶级，为了达到自己的目的不得不把自己的利益说成是社会全体成员的共同利益，就是说，这在观念上的表达就是，赋予自己的思想以普遍性的形式，把它们描绘成唯一合乎理性的、有普遍意义的思想。
>
> ——马克思和恩格斯，约1846年[1]

观念与我们这个世界息息相关，其产生影响的方式不同于数学定理那样令人无可争议。观念的作用在于其可以塑造人类看待周围世界的方式。如果观念仅仅是某些清晰的学术性命题，那么无论人们讨论接受它还是拒绝它，这样的影响都十分有限。但是当观念成为我们讨论世界的常用概念性词汇时，它就具有了巨大的影响力。约翰·梅纳德·凯恩斯和弗里德里希·哈耶克这两位在专业领域内几乎毫无共识的伟大的经济学家，却都笃信观念所具有的微妙的力量。"生活在现实中的人，通常自认为能够完全免除于知识的影响，其实往往都还是某些已故经济学家的奴隶，"凯恩斯于1936年写道，"我确信，既得利益集团的力量，比起思想的潜移默化的力量来，被大大地夸大了。"十多年后，哈耶克说出了和他的对手凯恩斯类似的话："当代观察家所注意到的相互冲突的利益间的争斗，其实很久

以前就由仅仅局限于很小范围中的观念的冲突决定了。"²

然而，作为现代经济思想的巨匠，凯恩斯和哈耶克看待问题都是带有偏见的，或者说，至少两位大师并没有告诉人们全部真相。观念也许会塑造历史，但是很难独立完成这一点。相反，观念仅仅是"不同利益之间的冲突"中用于战斗的一种武器。当观念对于社会中的某个重要部分有用时，即当该观念支持那个集团的利益或者为那个集团提供了它钟爱的对世界的一种解释时，观念就取得了力量。为了成为强大的武器，观念要么是凸显才华的，要么是有洞察力的。观念必须被精炼成易于理解的形式，并应用于人们关心的话题上，并且还需要通过多种渠道反复传播给各类听众，直到具备了和不证自明的真理一样的外表。这种乏味的工作需要财力和人力，如果预期回报甚微，那么没有人愿意为此买单。① 马克思本人并不认为自己的理论是可以改变历史的独立的力量，而是把它看作藏在事实背后的阶级斗争的表现形式——"必须时刻把下面两者区别开来：一种是生产的经济条件方面所发生的物质的、可以用自然科学的精确性指明的变革，一种是人们借以意识到这个冲突并力求把它克服的那些法律的、政治的、宗教的、艺术的或哲学的，简言之，意识形态的形式"。⁴ 马克思认为观念的发展史

---

① 哈耶克明白对思想先驱而言，"知识的二手贩子"在传播观点方面具有重大意义。但是他似乎误以为思想先驱会受到观点的驱动自行完成这一使命："我们需要愿为理想献身的思想先驱，无论这种理想在当下实现的可能性多么渺小。"³

不能从社会和政治运动的历史中分离出来,这一点是正确的。

经济原理主义这样的世界观想要生根发芽,就必须为有足够影响力的社会集团服务。共产主义之所以重要,是因为它反映了欧洲产业工人阶级的成长,解释了无产阶级怎样推翻"资本家"政府并创造新的经济秩序。即便是在不具备大规模制造业劳动力群体的国家,共产主义也可以作为对抗独裁政府或者外国殖民势力的有用的解释性工具。马克思主义之所以有影响力,是因为它非常适合某些特定的历史内容。相似地,今天的经济原理主义之所以有影响力,也不仅仅是因为大学一年级的经济学课程中所讲授的完全竞争市场模型的内在逻辑是正确的。经济原理主义在过去的半个世纪中成为相关利益集团实现自身目标的重要工具,这才是其日益显赫的原因。

观念和利益

经济原理主义之所以存在,是因为一些基本的经济学准则可以为一些人和组织所利用。经济原理主义的先决条件是形而上的原始材料:最基本的经济学。亚当·斯密于1776年在其现代经济学奠基之作《国富论》中解释了价格机制:"每一种特定商品的价格是由实际进入市场的数量和愿意为该商品支付其自然价格的人的需求之间的比例决定的。"简言之,商品的短缺或剩余会导致价格的上升或下降,但是在长期,厂商会因此增加或减少供给。结果就是"为了使商品进入市场，一个行业每年雇用工人的总数量……会自然地调整为一个既能保证供给充分，又不超出需求的精确数值"。[5]但是，在讨论这一一般原则可能无法维持的种种原因之后，斯密提到，他决不相信仅仅依靠市场的力量就能够产生所有可能性中最好的结果。

1838年，安东尼-奥古斯丁·库尔诺首次用供给和需求曲线阐释了斯密的深刻见解，这一方法后来被阿尔弗雷德·马歇尔普及，特别是在他1890年出版的教科书《经济学原理》中得到呈现。[6]根据历史学家丹尼尔·罗杰斯的观点，马歇尔和他的同辈"把双轴坐标图上的一对交叉曲线做成了极好的具有视觉概念性的经济学教育工具，即便是现代经济学课程中最愚笨的初学者也不会忘记"。[7]在《经济学原理》一书中，马歇尔展示了供给和需求如何相互作用，进而产生能够实现社会福利最大化的稳定均衡价格，但仅仅是"在有限的意义上，供求双方关心的满意度的总和会增加，直到价格达到均衡点。只要买卖双方能够像自由个体一样行动，任何超过均衡点的生产都不能被永久性地维持"，他不认为"均衡必然是社会最优的"。因为人们在财产上具有差别，"无论是自愿还是强制，把富有的人的一部分财产再分配给贫困的人可以增加总福利"。[8]

尽管竞争性市场模型是在19世纪晚期完全发展起来的，但经济原理主义需要的历史和思想条件在当时还不具备。在那个时代，不受管制的市场势力似乎在制造社会的不稳定因素，而不是促进普遍繁荣。部分工业化国家面临的主要政治问题是工人阶级的壮大以及随之而生的共产主义和社会主义运动。如果政治精英简单地坚持宣称市场会产生所有可能性中最好的结果，那么他们就要冒工人阶级可能试图推翻整个经济体系的风险。面对日趋激进的工人运动，欧洲国家和美国的政府转而尝试对工人阶级采取缓和政策。从19世纪80年代的普鲁士开始，很多国家引进了养老金和工伤保险等社会保障项目，不过美国在构建社会安全网方面的举措相对落后。[9] 政府采纳这些干预政策，是为了平息阶级斗争以保证资本主义的生存，而不是坚持竞争性市场模型。

20世纪30年代的"大萧条"使得政府更加迫切地希望劝阻工人献身于社会主义。这次经济危机造成了全球范围内普遍性的经济困难和政治混乱。在美国，银行系统实际上已经崩溃，失业率也达到了25%。认为不受管制的市场可以实现所有人财富最大化的观点似乎已经完全不可信了。富兰克林·德拉诺·罗斯福和民主党在1932年大选中大获全胜，并启动了前所未有的政府干预经济计划。被称为罗斯福"新政"的一揽子政策，包括金融管制、公共工程项目、对价格和工资的管制、以社会保险为中心的安全网以及对工会友好的劳动法。第二次世界大战要求的国家动员进一步扩大了联邦政府在经济中所起的作用。

20世纪30年代也出现了经济理论的重大变化。1936年，凯恩斯发表了《就业、利息和货币通论》，该书声称解释了萧条发生的原因，并提出了应对和防范此类危机再度发生的措施。根据凯恩斯的观点，在经济总体层面，让市场自行运作会产生家庭消费不足和商业投资不足的恶性循环，导致"在相当长的时期内习惯性地低于均衡水平的经济活动"，比如大萧条。（凯恩斯甚至批评道："传统经济学著名的乐观主义，实际上导致经济学家看起来都像赣第德一样……教导人们放任不管所产生的所有东西就是所有可能性中最好的。"他继续说道："传统理论很可能代表了我们期望的经济运作方式。但如此假设实际上就相当于假设我们面对的困难不存在。"[10]）凯恩斯的解决方法是，政府需要管理经济中对产品和服务的总需求。在萧条时期，政府需要通过减税或者增加财政支出来刺激经济。他认为这虽然强化了政府的角色，但对于保护资本主义系统免受威胁是必需的："可以确定的一点是，这个世界不会再忍受失业问题了，这个世界除了短暂时期内的繁荣外，也伴随着现在具有资本主义性质的个人主义。但是通过正确地分析问题去治疗经济上的顽疾，的确有可能兼顾效率和自由。"[11]

　　罗斯福新政和第二次世界大战赋予了联邦政府在经济活动中的核心角色，凯恩斯的观点完美地契合了美国战后的这一政治风貌。20世纪30年代出现的民主党联盟，包括组成工会的劳工以及数量众多的大型企业，对政府在经济活动中持续推行的积极举措给予了支持，这样可以增加物质财富并扩展社会安全网。[12] 20世纪50年代，德怀特·艾森豪威尔总统的稳健政策表明，日渐强大的政府在很大程度上也影响了主流的共和党人。[13] 认为政府应该垂拱而治、让竞争性市场大行其道的观点似乎已经无药可救地落后于时代了。保罗·萨缪尔森把凯恩斯主义写入了1948年出版的《经济学》中，直到20世纪70年代，这本教材都始终占据支配地位。该教材关注宏观经济管理中的几个关键问题——"一方面是失业、过度生产和萧条的原因，另一方面是繁荣、充分就业以及高标准的生活的原因"，同时支持积极的政府政策，以实现失业和通货膨胀的最小化。[14] 约翰·F. 肯尼迪总统在经济政策上转而寻求萨缪尔森的帮助，在1962年一度认为所有问题都被一劳永逸地解决了："现在我们经济决策中最为要紧的，不再是和暴怒中能够荡平国家的敌对意识形态势力进行大规模战争，而是现代经济体的实践与管理。"[15]

肯尼迪错了。萧条和战争通过大规模扩张政府职能，已经反转了20世纪初的政治局面。不再有不满的工人阶级要挑起叛乱了，在美国尤其如此。现在的问题是经济精英把自己视为弱势群体，不断遭受工会、政府官僚机构、社会保险项目以及高税收的困扰。一些公司及其执行官在公开场合仍然支持扩张政府的职能，但是很多人私下里都坚持"撤销新政才能带来新的利益"。规模较小的政府对有钱人来说也是有好处的，这些人就不必为社会保险之类的自己并不需要的项目交税了。

战后美国联邦政府为了帮助贫困者、保护普通家庭免受经济危机的影响以及对私营部门进行管制，征收的税率高达91%。因此，商业群体——大多数是有钱人，构成了质疑美国战后经济秩序的主要利益集团。但是公司老板以及其他有钱人不能仅仅要求实施对自己更有利的解决方案。取而代之的是，他们需要一个概念性的框架来显示他们所偏好的政策为何对社会整体来说有好处（并且仅仅是顺便对他们自身有利）。经济学原理课就提供了这样的框架：因为由供求决定的完全竞争市场产生了所有可能的世界中最好的一个，所以政府应当让市场"自由"。没有罗斯福新政和凯恩斯主义的成功，也就没有对经济原理主义的需求。20世纪中期，有钱有势的人创造并接受了经济原理主义，以和他们眼中由民主党及艾森豪威尔共和党人联盟支持的令人倍感压迫的政府做斗争。

要让经济原理主义获得真正的影响力，金钱和组织上的支持必不可少。最早的资金来源是反对罗斯福新政的个体商人，他们通过公司、托拉斯或者个人财富控制了规模庞大的各种基金。[16] 随着经济原理主义变得更为流行，美国的龙头企业成为支持这些观念传播的幕后金主，包括通用汽车、福特、克莱斯勒、通用电气、联合爱迪生、美国钢铁、纽约标准石油公司美孚（后来被简称为美孚石油）以及宝洁。美国商业协会和商业圆桌会议等组织也加入了战局。与此同时，公司的执行官，尤其是那些处于受政府管制影响最大的行业中的高管，开始站队支持"自由企业"并反对大政府。[17]随着富豪家族在20世纪70年代更积极地参与政治，很多人都为经济理念贡献了大量资源。[18]这些人和组织享有一种共同的信念，即观念是重塑美国社会战役的关键前线。正如身家亿万而投身政治的企业家查尔斯·科赫在1974年所解释的那样，"任何获得资助的项目都必须得到高度利用，这样我们才能够找到那些对他人的影响造成更大效果的人。这就是教育项目比政治活动优先级别更高的原因，也是支持有才华的自由市场派学者比乱发广告更有用的原因"。[19]

最为重要的一点是，经济原理主义开始是由广泛的保守主义政治运动带动的。完全竞争市场模型对于绝大多数新兴的保守主义联盟成员具有吸引力，因为它提供了思想上可以替代新政共识的产物。持有不同意识形态的人们——自由主义者、保守主义者或者重商主义者，都接纳了"经济活动应当被供给、需求以及价格机制管理，而不是由政治家或官僚管理"这一思想。经济原理主义在日益流行的同时，越来越多的利益团体及其附属组织为经济原理主义核心观点的发展和传播投入了大量资源。有了完全竞争市场模型，保守主义者就可以宣扬他们提倡的是"市场优先"而不是从前的"反政府主义"，要知道这个时期，公众对政府项目还是普遍支持的。简言之，经济原理主义之所以得到迅猛发展，是因为它能够为既有规模又有活力的政治利益服务。随着保守主义势力不断壮大，政治力量的重心也开始转移，中间派甚至自由主义者都从心底接受了经济原理主义，至少是接受了其中的一部分。[20]

观念和利益汇集在一起，是经济原理主义兴起的根本原因。政治学家雅各布·哈克和保罗·皮尔森是这样解释的："新的思想席卷了整个领域，因为其和经济利益交织在一起并引导了经济利益，而经济利益在美国政治中正变得越发有影响力。"[21]不过，观念和利益集团无法独自完成各自的工作。本章的剩余部分将介绍在经济原理主义普及过程中扮演关键角色的一些人和组织：把经济学概念转化成社会理论的思想先驱，把经济、社会问题分析以及政策提案产业化的智库和学术中心，把一些观点重新包装起来并播送给广大非专业读者的媒体人，以及把这些观点简化成自己的竞选标语并借之重塑社会的政治家。上述角色背后则是执行官、公司、商业组织和为企业提供资金的家族。这就是经济原理主义的基本架构。

开创者

1948 年，保罗·萨缪尔森在其第一版的经济学教科书中写入了 400 多页的关于供给曲线、需求曲线以及价格机制的内容。与此同时，少数思想先驱运用相同的概念构建出新的社会理论，也使这些概念成为一部综合性公共政策手册的基石。就此而言，完全竞争市场模型不只是有用的抽象化教学工具，同样也是通往自由和繁荣的秘密。

每一种观念都会从其他观念中找到根源。经济原理主义可以向前追溯至二战期间的两位奥地利经济学家——路德维希·冯·米塞斯和弗里德里希·哈耶克。米塞斯在1940年移居到美国，对政府逐渐加强控制经济事务感到忧虑，害怕这会导致社会主义。他认为，（社会主义）唯一的可替代物，是由价格机制决定并完全由消费者需求驱动的竞争性市场。"在资本主义体系的市场经济中，真正的老板是消费者。"他在1944年出版的《官僚主义》中如此写道。市场价格建立在"所有人对所有消费品的估价的基础之上"，通过判定"无数生产过程中哪些更有利可图和哪些不值得"来配置资源。如果企业家能够想出以更低的成本提供更高价值的方法，他们就为自己创造了利润并且提高了消费者的总体满意度。相反，一个计划经济体则无法实现社会福利最大化所需的最优资源配置。[22]

米塞斯对许多保守主义者和自由主义者具有重大影响，但是他的观点没有直接传递给广大读者。思想巨匠的角色转而落到了哈耶克头上。两次世界大战之间，哈耶克是米塞斯在奥地利的学生，后来哈耶克在伦敦经济学院度过了第二次世界大战。和米塞斯一样，哈耶克害怕自由民主国家走向社会主义。"如果我们要找出一些其见解能影响今后发展的人来，那么在今日的民主国家中，这些人在某种程度上全都是社会主义者。"他在《通往奴役之路》中写道。这本书出版于1944年，充满了对共产主义、法西斯主义以及社会民主主义的批评。[23] 哈耶克继承了米塞斯的中心思想：在竞争性经济体中，价格会自动指导劳动和投资去往它们能够创造最大价值的地方，这一功能没有任何政府机构可以实现。他写道："整体的情况越复杂，我们就越依赖于知识在不同个体之间的分配，这些个体相互分离的努力由一种非个人的机制协调，这一机制就是我们所知道的可以传递相对信息的价格系统。"[24]

《通往奴役之路》在美国火热流行起来，这得益于亨利·黑兹利特在《纽约时报》上不遗余力的推介。该书也得到了商业组织的追捧，包括美国制造业协会以及美国商业协会。[25] 1945 年，《读者文摘》杂志发行了该书的简装版，这本杂志在政治上倾向于保守主义，但是极为流行，发行量近 900 万册。[26] 哈耶克声名鹊起，尤其是在反对新政共识的人中。

在该书的巡回销售演讲中，哈耶克见到了哈罗德·卢诺，一位即将控制威廉·沃尔克基金的商人。卢诺建议哈耶克写一部美国版的《通往奴役之路》，描述一种可以替代目前状况的设想——一个"可行的自由企业社会"。1948 年，沃尔克基金为哈耶克出资在芝加哥大学谋得了教授职位。这个基金会也为自由市场研究会的研究计划买单，以芝加哥为基地，帮助芝加哥大学巩固其作为自由市场思想学术堡垒的地位。[27]

哈耶克在 1960 年出版的《自由秩序原理》中，基于完全竞争市场模型和他反对政府压迫的哲学观点，提出了关于经济和政治的规划。他反对劳动工会垄断、政府提供的社会保险、累进税、积极的货币政策、公共住房、环保主义以及公共学校。[28] 如果一个最小化的政府以及不受管制的市场产生了极端的不平等,那么哈耶克认为这对于社会总体是有利的,并不是一个缺点。如政治学家科里·罗宾所指出的那样,哈耶克也认为财富集中对于经济创新和文化进步是必要的。[29] 哈耶克的观点变得极具影响力:撒切尔夫人在成为英国保守党党魁之后的一次内部会议中拿出了《自由秩序原理》并说道:"这就是我们的信仰。"[30]

哈耶克不仅致力于在思想上创新,也一直努力将自己的主张发扬光大。他构想了一个由拥护自由竞争市场准则的思想先驱们组成的国际关系网,这就是朝圣山学社。朝圣山学社于1947年成立,延续至今。它把学者、新闻记者和商人聚集到一个世界性的同盟之中,以应对来自社会主义的威胁。该组织在成立早期接受了FEE(经济教育基金会)、沃尔克基金会和富有的美国商人的物质援助。[31] 这些援助方都明白哈耶克的观点在反对新政舆论战役中的重要性。

另一位经济原理主义的思想奠基人是米尔顿·弗里德曼,他于1946年进入芝加哥大学经济系。和哈耶克一样(弗里德曼把哈耶克的《通往奴役之路》称作"极具洞察力和前瞻性的作品"),弗里德曼是一位世界级的经济学家,相信新思想的力量可以长久改变政治环境。"新的思想流派发展并取代旧思想的舞台已经搭建好了，"弗里德曼在其生涯早期写道，"新思想可以提供指导下一代立法者的哲学。"[32] 弗里德曼是朝圣山学社的创始成员之一。从1956年开始，他就在沃尔克基金会组织的会议上授课；1962年，当他和妻子露丝·弗里德曼将这些课程的内容编辑成书并出版的时候，拥趸变得越来越多。[33]

在《资本主义与自由》一书中，弗里德曼强调竞争性市场是分配财富和确保政治自由的最优机制。[34] 该书的大部分内容由简洁精美的论证组成，证明不同种类的政府干预最终都将事与愿违。比如说，公立学校限制了家长的选择并且抑制了学校之间和教师之间的竞争；相反，"教育券制度"将会为学校创造一个竞争性的市场，鼓励创新并吸引更好的老师。"教育领域和其他领域一样，"弗里德曼写道，"竞争性企业在满足消费者的需求方面很有可能更富成效。"强制性的执照发放制度（比如成为医生就需要这样的执照）会限制供给，这将减少消费者的选择、提高价格并降低产品质量。工会企图增加工资，但是这样做仅仅会减少就业（因为在更高的价格水平上，雇主对劳动力的需求会减少），迫使失业的工人转移到其他行业，这些行业因为劳动供给的增加而抑制了工资上涨。为什么只要放任不管，每个人就都能变得更好？[35]《资本主义与自由》就是一部利用经济学基本概念打造的用来解释和回答这个问题的实操性手册。从风格上来说，这就是卢诺所期望的美国版的《通往奴役之路》，其乐观主义和实用主义与哈耶克原本晦暗的哲学语调形成了对比。

《资本主义与自由》的成功使弗里德曼很快成为公众人物。自1966年开始，他就在《新闻周刊》上撰写深受读者欢迎的专栏，把基本的经济学原理应用到从货币政策到起草针对毒品的法案等广泛议题之中。1980年，弗里德曼在一个名为《自由选择》的10集电视节目中赢得了更多的观众。该节目的第一集《市场的力量》向观众讲授了经济学原理课的实质：价格是如何通过买卖双方自愿的交易实现供求匹配以及资源最优配置的。[36]其他几集将这些工具应用到了现代社会的不同方面，包括社会保障、公共教育、工会以及消费者保护。在每一个案例中，人们得到的启示都是相同的：只要政府停止干预，竞争性市场就会产生理想的结果。电视是一种昂贵的媒体，但在此之后，许多组织，包括基金会、企业和商业机构，都乐意出资支持弗里德曼抨击大政府自由主义。[37]这一电视节目的内容被结集成书，造成了很大影响，在出版的第一年就卖了40万册。[38]

为经济原理主义的发展做出重要贡献的思想家绝不仅仅是米塞斯、哈耶克和弗里德曼。弗里德曼是"芝加哥学派"（该学派以芝加哥大学命名，因为这一派经济学家中的很多人都在此地教书）的核心人物，这些经济学家实际上把价格和激励的逻辑运用到了人类经验的所有领域。举几个例子，加里·贝克尔用经济学的范式描述家庭成员的相互作用；乔治·施蒂格勒展示了产业集团、立法者和官僚机构的激励是如何结合在一起使得商业有能力获取对自身有利的管制性政策的；理查德·波斯纳用经济学的范式重新审视了法律中的诸多领域，包括合同、侵权和反托拉斯。总的来说，他们把经济学原理课上的完全竞争市场模型转化成了简单而有力的思想武器，用来攻击罗斯福新政自由主义——这正是众多商业组织和有钱人想要的武器。

实干者

哈耶克和弗里德曼这类人的论证，单就内容来说，并不能传达给数以百万计的人，更不能重塑美国人谈论政治和政策的方式。可是对他们而言幸运的一点在于，他们的观点被吸收、重新包装并由一个组织网络重新发送——这些组织经常由心怀私利的个人或公司支持。在第二次世界大战刚结束的那几年，利用竞争性市场概念对罗斯福新政自由主义进行批评的智库为数不多，水平也相当一般。随着哈耶克和弗里德曼的思想渗入保守运动的主流，他们得到了大量机构的支援，包括智库、学术研究中心、贸易协会以及政治主张团体。在与媒体、政治家和公众进行交流时，这些组织机构十分依赖于经济学原理课中的完全竞争市场模型。相较于知识分子而言，他们把经济原理主义传播给了更多听众。

FEE是最早支持经济原理主义的智库之一。该组织成立于1946年，由伦纳德·里德领导，获得了商界巨子以及包括爱迪生公司、美国钢铁、通用汽车和克莱斯勒等美国大型公司的资助。里德十分仰慕米塞斯和哈耶克，两人在FEE成立早期都和该基金会有联系，而且FEE还资助米塞斯在纽约大学获得了教职。[39]智库的设想是，如果人们能够理解经济学，那么他们就能够洞悉罗斯福新政的愚蠢。智库的任务是教给商人基本的经济学原理及其在政治中的运用，按照里德的话来说，"给予自由天堂一座思想上的灯塔，或许能够把人们从社会主义的错误汪洋中吸引过来"。[40]FEE资助了许多论证经济事务应该交给市场解决的论文、手册和书籍并加快其传播。举个例子，在《是屋顶还是天花板》中，弗里德曼和乔治·施蒂格勒论证了租赁管制通过扭曲供求之间的核心关系减少了人们买得起的房屋供给。[41]通过自身的努力，FEE把竞争性市场模型及其政治应用介绍给了众多未来的社会活动家以及保守运动中的重要人物。

在FEE关注经济学教育的同时，AEI（美国企业协会）成为保守政策智库的典范。AEI成立于1943年，是自由主义经济思想的坚定支持者。弗里德曼在20世纪60年代早期就是这个组织的顾问。[42]AEI把抽象的概念转换成具体的政策立场并对提案进行分析，这些提案现在已经变成了华盛顿高层智库的主要内容。20世纪40年代末50年代初，AEI发布了一系列小册子，最终完成了"国家经济问题"丛编，反对政府以任何形式对经济进行干预。到20世纪50年代末，AEI为国会中的大多数议员提供立法分析,在意识形态准则和实际政策制定之间的鸿沟上搭建起了桥梁。在当时,美国50个最大的产业公司中有一半以上是 AEI 的捐助者;到 1980 年,AEI 有超过 600 个机构捐助者,其中包括几个大型的保守主义基金会。[43] 现在,AEI 依然保有持续不断的研究来源、国会证词,并且还在不断发布竞争性市场优于多种形式的政府干预的文章,其抨击范围从最低工资到奥巴马医改和金融管制。

随着保守主义运动的不断发展壮大,智库也迅速发展并占领了每一个潜在的有利可图的思想市场。成立于 1973 年的遗产基金会,是一个更激进也更有目的性的后起之秀。遗产基金会把服务于自由市场的经济案例作为自己的核心工作。在成立初年,它就呼吁自主择校、移除最低工资限制以及大幅降低边际税率。[44] 卡托研究所成立于 1977 年,尽管其社会和对外政策立场在保守主义者中同样受到欢迎,但总体上更加关注经济政策。卡托研究所最初以提议社会保障私有化为标志,这个问题起初只是政治争论中一个极度边缘化的话题,最终成为小布什总统第二个任期内的中心议题。[45] 曼哈顿研究院同样成立于 20 世纪 70 年代末,聚焦于"对'自由市场的力量与低税收终将带来繁荣'的信仰"。[46] 它不断支持私人市场自由选择的政策,无论这些政策是为了教育儿童、分配公共服务还是帮助贫困者。上述组织以及其他类似组织都是由富有的家族基金会和公司形成的网络支持建立的:遗产基金会最初由来自啤酒大亨库尔斯家族的约瑟夫·库尔斯资助，卡托研究所的金主是科赫家族，而曼哈顿研究院则是由安东尼·费希尔提供资金。费希尔是一个英国商人，在早年和哈耶克的会面中受到启发而开始在观念上进行投资。每个智库都会很快被许多其他志同道合的捐助者支持。[47]

支持上述智库的公司和基金会的执行官还想建立一些学术机构，一方面能够推进对罗斯福新政自由主义的批判，另一方面也为标榜自由的美国学术界提供某种平衡。他们最伟大的成功就是促动了"芝加哥学派"的形成，其中沃尔克基金会扮演了重要角色。该基金会为弗里德曼和他的盟友在芝加哥大学经济系与法学院长期占据支配地位提供了支持，方便他们致力于证明竞争性市场优越性的原创研究。除此之外，保守主义的资助者也在顶尖学术型大学里设立了独特的研究机构。奥林基金会和J.霍华德·皮尤自由主义托拉斯成立了圣路易斯华盛顿大学的美国商业研究中心，主任是默里·魏登鲍姆，他曾经是里根时期经济顾问委员会的首席顾问，该中心的研究宗旨就是持之以恒地批评政府对经济领域的管制。[48]来自科赫家族的资金资助了乔治梅森大学、特洛伊大学、克莱姆森大学以及得克萨斯理工大学的学术中心，它们每一个都致力于研究竞争性市场准则。以特洛伊大学的曼纽尔·H.约翰逊政治经济学中心为例，它"承诺改进我们对于市场和资本主义制度在促进繁荣方面所扮演角色的理解"。佛罗里达州立大学经济系的操作颇具争议，因为它赋予了基金会审查其所赞助的教授职位候选人的权力。[49]这些投资推动了若干新的研究，继续论证市场是解决社会问题的正确方法，同时也吸引了更多的学生学习经济学原理课并使用模型去解释社会现实。

经济原理主义对法学领域的渗透尤为成功。这种渗透从阿隆·迪雷克托开始，迪雷克托是由沃尔克基金会引荐到芝加哥大学法学院任教的。讲授法和经济学的教授们运用经济学原理的各种概念，重新思考了法学领域的诸多问题。这种将经济学原理引入法律法规的理念，或者说法律应当为经济目的服务的思想，通过芝加哥大学出版的《法和经济学杂志》在法学界传播，该杂志的工作人员由沃尔克基金会资助。圭多·卡拉布雷西和理查德·波斯纳是这个领域的顶尖权威教授。[50]波斯纳在其著作《法律的经济分析》中论述了涉及面极广的法学问题，用丹尼尔·罗杰斯的话来说，得到的结论就是"以经济人的价格标准衡量，在每一个案例中，公平的结果都会有损于最大化的社会总财富"。[51]在芝加哥大学师从迪雷克托的亨利·曼内，则开设了"法学教授经济学协会"系列课程，有10家企业赞助了该课程。曼内后来建立了法和经济学中心，该中心很大程度上是由关心政府管制发展程度的企业建立的，经营着"联邦法官经济学学院"这一项目，迄今为止为数千名法官提供了为期两周的经济学课程，一度有超过40%的联邦法务人员学习了该课程。[52]

这些投资获得了十分可观的回报。奥林基金会的一份报告记述："抓住一切机会让每一个略懂法和经济学方法论的法官进一步熟悉法和经济学是至关重要的。"[53]道格拉斯·金斯伯格在芝加哥大学攻读法律，之后参与了"法学教授经济学协会"课程，（根据曼内所说，）这使他确信了法和经济学的重要性。[54]金斯伯格后来成为华盛顿特区巡回上诉法院的大法官，该法院曾因过分利用联邦管制干预经济基础而闻名。理查德·波斯纳和弗兰克·伊斯特布鲁克（另一个毕业于芝加哥大学法学院的研究生）共同成为第七巡回上诉法院的法官，在这个平台上，他们根据经济学基本原理重新修订了许多领域的法律。经济学基本概念同样重新塑造了法学授课的方式，尤其是在合同、侵权以及反垄断方面。

这些智库和学术研究机构里诞生了为数众多的研究者、白皮书及论著，解释为何只通过供求治理的市场机制就可以解决任何实际问题。按照哈耶克和弗里德曼等经济学家绘制的蓝图，这些机构输出了类型广泛的知识产品，包括研究论文、供联邦法官讨论用的国会纪要文件等。他们的工作为时政评论员和政治家提供了强大的武器——借此批评罗斯福新政及其衣钵继承者林登·约翰逊总统的"伟大社会"之类的政策。他们也基于私营部门企业和市场激励提供了汗牛充栋的政策提案。然而最重要的是，这些工作的重心是指向政策专家、政治家和知识分子的，他们的目标从来不是公众。

推波助澜者

随着政治精英转向凯恩斯主义，一些商人和知识分子企图直接把竞争性市场的理念传播给普罗大众。被普遍存在的累进税、社会保险以及福利项目弄得焦头烂额的企业，总结出了"美国人就是不懂经济学"这一结论——然后开始教育他们。记者亨利·黑兹利特在他1946年出版的《一课经济学》序言中宣称："这本书对经济学中存在的谬误进行了分析，这些谬误如此流行，以至几乎成为新的教条。"[55] 相隔25年之后，时任尼克松政府财长的威廉·西蒙因为大政府和国家在经济方面的弊病而指责"美国人对经济的无知"。[56] 1972年，百事可乐公司CEO认定年轻人中"对经济的无知"是对于商界和资本主义最根本性的威胁。[57] 现在，时政评论员仍然由于他们反对的政策继续流行而指责人们对经济学不够熟悉；在2016年总统初选期间，一位对冲基金经理在《华尔街周刊》上总结，00后只支持桑德斯和特朗普，因为这一代"对经济学一无所知"。[58]

几十年来，企业和商业组织尝试着通过教授美国人基本的经济学来解决问题。"商业经济学和哲学的事情需要被讲出来，"美国制造业协会的一位执行官在第二次世界大战爆发不久后就这么说，"用简单易懂的、不断重复的、不添油加醋也不扭曲内容的方式传播给广大民众。"诸如强生、IBM（国际商业机器公司）、杜邦、西屋电气、美国钢铁以及通用电气这样的大公司创造并分享了经济学的教材资料，吸引数百万工人成为读者。它们的主题是利润动机、个体主创性以及竞争性市场相对于政府干预的优越性。[59] 大企业也走出了厂房车间，站到了面对公众的大舞台上。20 世纪 40 年代末，美国制造业协会为标榜"利润乃物质生活进步之驱动因素"的广告花费了数百万美元。个体公司通过经营纸质出版物、广播以及电视广告，在强调自己对社区的贡献的同时，强调自由市场、竞争和利润的重要性。[60] 几十年之后，弗里德曼的《自由选择》仅仅是众多相同主题书籍中更为成功的一本。现在，相同的战役在互联网上仍然持续着。2016 年，FEE 推动了"经济认知能力"网络测试。正如金融评论员马修·克莱因所指出的，很多问题"要么本身就是错的，要么就是具有严重误导倾向"，这通常是因为这些问题出自经济学原理课上的模型，但人们并没有认识到这些模型往往无法准确地解释现实世界。[61]

美国的企业还试图把打上它们烙印的经济学直接嵌入院校的课堂中。20 世纪 40 年代末 50 年代初，商业组织和企业集团直接培养任课教师，在公司所在地招待数以十万计的教师，并向学校提供教学手册、教学用具以及能够向数百万学生播放的影片。FEE 也创办了一个类似的奖金项目，将年轻教授与大公司匹配，以使学术界和商界熟悉起来，让商界人士懂得基本的经济学原理。商业协会派演说者前往校园解释"生活中的经济现实"，直到 20 世纪 50 年代中期，这些项目每年能影响到成百上千的学生。美国制造业协会和 AEF（美国经济基金会）为学校课堂设计了经济学课程，并且训练老师教授这些课程；到 20 世纪 50 年代中期，超过 12% 的中学接受了 AEF 的项目。[62] 随着保守主义运动发展壮大，把经济学搬到课堂上的努力也进一步加强。20 世纪 70 年代，美国商业联合会把"美国年轻人的经济学"课程配送给了 12 000 所学校。在同一时期，超过 20 个州通过了将经济学作为高中必修课程的法律。20 世纪 80 年代，由库尔斯啤酒、陶氏化学、沃尔玛以及其他公司支持的学生团体"自由企业学生"，甚至把《自由选择》这本书改写成了适合小学生阅读的短篇文集。[63]

除了教育项目外，另一种接触普通人的方法就是通过媒体，即报纸、杂志、电台广播和电视节目等，塑造公众对现实重要问题的看法。哈耶克、弗里德曼以及一些其他的芝加哥学派经济学家在传播自身观点方面成效卓著，《通往奴役之路》和《自由选择》都赢得了巨大的市场反响。与此同时，有影响力的媒体人物将经济学家的观点提炼为更容易理解的内容，以使大众知晓。

亨利·黑兹利特是帮助哈耶克出名的《纽约时报》的编辑，是秉持经济原理主义世界观的早期且有影响力的普及者，也是朝圣山学社的一员以及 FEE 的第一批执行官之一。他的《一课经济学》可读性很强，是将经济学作为解释工具的最佳导论。其"一堂课"也就是所谓的无意识的结果："经济学的艺术不仅包括考虑法案和政策的短期影响，而且要考查它们的长期影响。"[64]例如，黑兹利特批评农产品价格支持政策减少了生产量，对特定行业进行补贴相当于把资源投进了收益低的部门，最低工资相当于创造失业。他认为，这些政策的全部失误都来源于不能正确理解价格机制。与米塞斯和哈耶克的著述相呼应，黑兹利特写道："价格机制被严重低估了，只有价格机制能够解决'成千上万种产品和服务根据它们彼此之间的关系应该被生产多少'这一复杂问题。"[65]黑兹利特对经济学简洁而有力的描绘极富煽动性。该书从出版之日起卖出了超过100万册，之后黑兹利特将其内容转载到了由他担任编辑的《自由者》杂志中，这是20世纪50年代自由主义领域的重要期刊，同样的内容在其《新闻周刊》的专栏里重复了20年。

小威廉·F.巴克利并不是一位经济学家，经济学理论在其创造的精神财富中也排不上前列。1955年，他创立《国民评论》杂志的时候，动用了自己家族做石油生意赚的钱，也得到了来自林德和哈里·布拉德利基金会的资助。巴克利的目的是形成一个统一的保守主义运动，把反共产主义者、传统主义者以及自由主义者联合在一起。[66]巴克利获得了广泛的信任，因为他通过谈判让意识形态成分不同的团体形成了联盟，组成了美国保守主义者阵营。[67]在这个过程中，他使竞争市场原则成为各种派别的保守主义者的通用工作辞令。

在经济问题上，巴克利追随了哈耶克和弗里德曼的步伐

(弗里德曼是巴克利的好朋友[68])。在1951年出版的《耶鲁的上帝与人》一书中，巴克利把自己描述成"承认经典学说的正确，即最优的调节（私有产权、在私有制下为了利润而生产，以及由完全自由竞争市场进行调节）不仅能带来最大限度的繁荣，而且能带来最大限度的自由"。他继续写道："因此我认为，任何经济体如果违反上述关于自由市场经济的内容就肯定是不健全的。"《国民评论》成立准则中有这样一条："竞争性价格体系对于自由和物质进步是不可缺少的。"在他1959年出版的《从自由主义中上升》一书的总结部分，巴克利否定了想要对竞争性市场进行小修小补的行为："如果国家进行宏观调控……在有市场机制的条件下，那么市场的机制就会失灵。"相反，我们应该：

> 让每个人对更多的商品、更好的教育以及更多的休闲的欲望，通过个体与市场的接触、私立学校的发展以及各种经济和慈善活动而得到满足……以最自然的形式。[69]

截至20世纪70年代，巴克利的专栏被超过300份报纸摘选，他的电视节目《交火前线》也确保了他的观点能够传达给比《国民评论》的忠实订阅者多得多的人。

黑兹利特在20世纪40年代帮助普及经济原理主义，巴克利在20世纪50—60年代把经济原理主义纳入保守主义运动，而祖德·万尼斯基则在20世纪70年代保守主义运动发展到全盛之时登上了舞台。万尼斯基受雇于罗伯特·巴特利，负责编写《华尔街日报》的社论专栏，他整理了阿瑟·拉弗和罗伯特·芒德尔的理念，这些思想后来被称作"供给学派经济学"。根据这一学说，减少"供给"的障碍（比如税收和管制）是解放企业活动和促进经济增长的关键。特别是降低税收可以充分刺激增长，使得总税收收入不降反增，这个想法现在被总结为拉弗曲线（据说一开始是在餐馆的餐巾纸上画的草稿）。认为降低税收会鼓励人们储蓄、投资以及工作，最终促进增长的想法，大体上还是出自经济学原理课，尽管在当时没几个人认为税收收入最终真的会增加。①

万尼斯基是一个典型的经济原理主义支持者：此人几乎没受过什么经济学训练，认为几个概念加上画在餐巾纸上的一张图就能够解释全部的社会和政治现实。[70]他在1978年出版的《世界运行之道》一书中发展了自己的观点，这本书是在AEI完成的，由史密斯·理查德森基金会提供赞助。[71]万尼斯基的经济理论可以归纳为经济学原理课上的几条结论：个人为实现福利最大化而有动力工作，只有这个动力得到加强之后总产出才会增加，因此政府应该致力于减少抑制工作热情的税收和管

---

① 供给学派经济学在当时并非正统经济学，这主要是因为供给学派只是拿出了经济学原理课的一部分而忽略了该课程中的其他部分，尤其是那些涉及宏观经济学总需求的内容。

第三章　经济原理主义的演进

制。此后，万尼斯基就用这些工具解释一切事物了，从大萧条到希特勒的崛起（原因是美国提高了关税）再到越南共和国在越南战争中为越南民主共和国和越南南方民族解放阵线所灭（原因是越南共和国政府收的税太高）。[72]

万尼斯基本人也许仅仅是对历史感到好奇，但是在巴特利的支持下，他有能力使用《华尔街日报》的社论专栏来推广自己的观点。比如他在1974年发表的文章《是时候减税了》，成功普及了减税可以通过加强生产激励促进增长的观点："税率越低，投资和工作就变得越有吸引力，供需同时增加了。"[73]他的一位读者是来自布法罗的国会议员杰克·肯普，后来成为减少供给侧税收的主要支持者，使里根确信全面减税的必要性——最终导致了1981年的大规模减税。[74]

当黑兹利特、巴克利和万尼斯基在经济原理主义的普及化过程中扮演各自的历史角色时，媒体的功能也越发强大了，它们不断重复基于经济学原理课中模型的论断，直到这些论断看上去像不证自明的真理。从巴特利和万尼斯基的时代开始，《华尔街日报》的社论专栏和首尾页就倾向于优先刊登宣扬"通过供给、需求和竞争的法则实现繁荣"的文章。很多有影响力的评论员并不以分析经济学问题为专长，也同样习惯性地采用了经济原理主义的辞藻。在将近40年的时间内，多家报纸的专栏作家乔治·威尔一直在讲述基于经济学原理课的短篇寓言式道理。比如他论证"教育券制度"更好，因为"可以让私立学校的供给有能力匹配需求"；他还论证了社会保障应该私有化，因为基金经理之间的竞争相对于"政府在工作者和退休者之间收入转移方面的垄断"要好。[75]类似地，《纽约时报》专栏作家戴维·布鲁克斯也经常使用经济原理主义的话语体系。比如，当政府因为犹豫不决而没有介入市场或增加税收时，他赞扬政府的做法"给了人们进入市场的机会"，如果政府采取了相反的做法，他就会批评政府的做法——"用更激进的方式转移财富，降低了收入规模，违反了贸易协定，纯属在市场里没事找事"。他支持取消投资税以鼓励人们增加储蓄——这个想法也出自经济学原理课。他对增加最低工资持谨慎态度，因为这样做是违反"经济学引力定律"的。[76]这些专栏作家可能非常清楚，世界比他们讲述的简单故事复杂得多，用800字的专栏显然不能把问题的全部描述清楚，但是通过不断重复简单的结论，他们让经济原理主义的简化思维模式普及化并且合法化了。

在最近的几十年里，纸媒新闻记者的风头逐渐被广播和电视中的名人盖过，但后者中的许多人同样也采用经济原理主义的辞令。里根是先驱性的人物，在1975年离开加州政府之后，他在联合广播发表的演说展现了经济学原理课的影响。在一次发言中，他引用了弗里德曼的话："如果你打算给将要陷入贫困的人提供补助的话，那么最终会有更多的贫困者。"[77] 20世纪80年代初，随着拉什·林博这样的超级广播明星的崛起，广播媒体的重要性愈加显著。

保守主义者的脱口秀通常会发表各种各样的观点，但是当涉及经济方面的问题时，他们就会依赖于浅显的经济学原理课的论点。以林博为例，他坚持认为降低税收是走向繁荣的关键：更低的税率上限"对于人们继续工作或投入新工作具有很大的激励作用，也能够使所有人的收入提高……其原理在于，低税率可以创造经济增长，可以创造更多的工作，并把税收负担摊派给更多的人"。在医疗保健问题上，他解释了人们为什么需要基于自身支付能力的不同而获得不同层次的服务。与之相关的观点是，"为什么人们必须为医疗保健付费呢？获得答案的唯一方式，就是对经济学基础原理有基本的了解"。的确，林博不断重复的话题之一就是人们需要学习经济学，他将其描述成一种自我启发的过程："真的需要有一个合适的人把经济学的原理解释给你……我永远都不会忘记我学习降低税率如何能够增加总收入的时候……你需要有人给你解释。一旦有人给你解释清楚了，一切就都豁然开朗了。"[78] 林博甚至会定期推荐经济学原理在线课程，课程由希尔斯代尔学院讲授，该学校是他的赞助者之一。

林博只是引用经济学教科书中的权威观点来支持其政治立场的几个脱口秀明星之一。福克斯广播公司的兴起为主持人和评论员创造了巨大的舞台，而这些人把竞争性市场当作一切社会和政治问题的答案。即便排除右倾媒体的宣传，经济学原理课也经常被当作新闻出版业的工具。以国家公共广播的流行节目《市场》为例,该节目经常把租金的上涨和优步价格的大幅波动描述为供给和需求的产物。[79] 由于竞争性市场模型是很有用的分析工具,这些解释大体上是正确的,它们加强了"从经济学原理的视角能够理解世界"的总体印象。带有戏谑色彩的脱口秀,或者像专栏文章这样为不断增加的听众或读者所宣扬的永恒供求法则越多,这种简化的经济推断看起来就越像解释世界的自然方式。

政治家

媒体使经济原理主义成为描述和讨论社会经济问题的标准方式,而政治家则通过把经济原理主义的核心原则纳入政治宣言和竞选活动中而将其合法化。比如说,主要政党的总统候选人这种级别的人物有为数众多的拥趸,他们分析问题的话语体系会直接影响这些追随者。更准确地说,假如处在领先地位的政治家采用了经济学教科书上的模型化方案,经济原理主义甚至能帮助他赢得原本不支持自己的选民,而这仅仅是因为经济原理主义上升到了国家层面。竞选人可以利用从经济学原理中分离出的观点获得胜利,这会激励其他人采用同样的论调。最终,基于竞争性市场模型的新法律得以施行,这成为经济原理主义得到最终确认的证明——因为经济原理主义总有办法论证这些政策是成功的,并且把它们的失败原因归结为其他复杂的因素。

美国战后早期的政治家很少推崇不受约束的市场。艾森豪威尔总统在经济事务上是一个实用主义者，是对罗斯福新政做出妥协的共和党人的典型。在1954年，他写道：

> 如果有任何一个政党尝试废除社会保障、失业保险、劳动法或者农场规划，那么你在我国的政治史中就不会再听见这个政党的名字了。当然，有这么一小撮人相信你可以做这些事情……他们的数量可以忽略不计，他们都是蠢货。[80]

尼克松是艾森豪威尔政府的副总统，也是1960年共和党的总统候选人，他和艾森豪威尔一样对抽象的经济学原理不感兴趣。

然而，随着教条保守派取代了温和派在共和党内的位置，竞争性市场在共和党的政治辞令中变得日益重要起来。亚利桑那州的参议员巴里·戈德华特是战后保守主义运动中第一个获得全国性支持的政治家。他的政治哲学主要基于反共产主义和某种自然法则——"从人类的本性和上帝揭示的造物真理推导出的"准则，当涉及经济方面的问题时，他坚定地支持供求法则。"如果在政治上受到了奴役，（人们）就不可能是经济自由的，甚至连经济有效都谈不上。"他在1960年发表的宣言《一个保守派的良心》中如此写道。此宣言和当时还在发展中的弗里德曼的学术理念颇为一致。[81] 戈德华特批评联邦的农业政策，因为它扭曲了市场进程。

> 如果这个国家的农民可以在消费者愿意支付的价格上自由售卖产品，农民就会在供求法则的影响下，最终生产出大概满足国内和国际市场的数量……允许经济学的自然法则像决定到底需要多少银行家、医药商或者钟表匠一样决定到底需要多少农民，这难道是薄情无义的事情吗?

"建设强大经济的方法，"戈德华特总结道，"就是去鼓励各种经济力量自由活动：自由的资本、自由的劳动力以及自由的市场。"[82] 戈德华特 1964 年竞选总统时的首席政策顾问正是 AEI 的领导人威廉·巴鲁迪，而弗里德曼是他的经济顾问。

尽管戈德华特的竞选最终以溃败收场，[83] 但这些宣传为一位极具天赋的政治家和传道者的出场提供了政治环境。里根本身就是罗斯福新政的强烈反对者。他在 20 世纪 50 年代是通用电气的发言人，这恰好是在该公司试图用自由市场的意识形态影响其雇员的时期。在任期中，里根在通用电气工厂里的演说变得越来越富有政治性。到 20 世纪 60 年代，他成为哈耶克和米塞斯的热心读者。[84] 在 1964 年竞选开始前的一周，里根在以"抉择时刻"为主题的电视演说中支持戈德华特。他抛出的观点介于自由和集权主义之间，主要结论是联邦政府的规划限制了个人选择。里根对罗斯福新政的政策批评，延续了哈耶克和弗里德曼关于有为政府将不可避免地导致社会主义的警告。[85] 这次演说对于帮助戈德华特竞选为时已晚，但是把里根推到了全国性的政治舞台上。仅仅两年之后，里根就当选了加州州长。

20世纪60—70年代，保守主义者为了获取共和党的控制权向温和派开战。尼克松并不属于两个阵营中的任何一方，他获得了足够多的保守派的支持，因而赢得了1968年的总统提名和最终的大选。但是他和他的继任者杰拉尔德·福特在任期内追求总体上温和的经济政策。直到1980年，由里根领导的保守派才同时掌握了党内和白宫的控制权。尽管里根接受了保守主义价值观的全部内容，但竞争性市场准则在其总统竞选和政策规划中依然扮演了中心角色，尤其是在他被肯普和万尼斯基说服支持供给侧减税之后。[86] 在总统竞选中，里根热衷于宣扬更低的税收可以刺激经济增长的观点。"我相信当一个东西被征税时，它可得的数量就减少了，"里根在一个电视宣传中讲道，"我们对工作、储蓄和投资进行前所未有的收税，所以我们得到了更少的工作岗位、更少的储蓄以及更少的投资。"[87] 在竞选活动中，里根邀请弗里德曼担任其重要的经济顾问；在其胜选之后，他也给予了哈耶克、弗里德曼和米塞斯思想先驱的身份以示回报。[88]

作为总统，里根践行了他的选言。他就任第一年的中心工作就是1981年的《经济复兴税收法案》，该法案削减了收入税，把最高税率从70%降到了50%。（1986年的《税收改革法案》把最高税率进一步降到28%。）里根向他的手下施压，要求减少政府管制的负担。比如财政部长唐纳德·里根的最急迫的工作是"撤销金融机构的管制……越快越好"。[89] 20世纪70年代末，吉米·卡特总统已经率先在卡车和商业航空运输领域取消政府管制。然而，里根把减少政府在经济中的角色作为基本准则，正如其首次就职演说中那句经典名言："政府不是我们解决问题的方法，政府本身就是问题。"[90]

里根的故事表明，依靠来自经济学原理课的力量可以取得权力和统治地位。更为重要的是，"伟大的传道者"可以接受看起来纯粹是商业性的甚至是庸俗的东西（劳动力、商品和资本的交换），然后把它们提升为神秘的法宝。"已经取得最深远而广泛的经济进步的社会，"里根在1981年提道，"是那些相信市场魔力的社会。"[91] 尽管他很少屈尊去探究任何市场中的细节，但是他支持市场既万能又仁慈这一准则，即"对实现社会和经济进步而言，上百万的自由个体和机构之间的社会互动能够比所有谨慎的政府设计者的机制都做得更多"。[92] 通过向人们灌输竞争性市场模型，再把自由、国家力量、美德和带有强烈意识形态色彩的内容混入其中，里根为一代追随者把经济原理主义打造成日常性的平台铺平了道路。

在里根之后，把经济原理主义纳入美国的政治版图中成为两党的共识。随着共和党的保守主义者接纳了供求、竞争和激励的逻辑，民主党人感受到了很大的压力，因为民主党人的经济准则是凯恩斯需求管理、社会保障、福利、消费保护以及产业政策等复杂又无法令人满意的大杂烩。为了与共和党竞争，民主党的政治家也开始采纳经济原理主义的辞藻。在1980年的竞选中，卡特总统引用了哈耶克对市场经济的描述："每一天数百万经济决策都会在工厂、汽车样品间、银行、证券交易所和农场中或者餐桌上产生……根据私人的需要以及个人的独立的判断。"[93] 他不可能和高调拥护自由市场的里根竞争，但是这种辞令上的转变是10年后其所在政党复苏的重要部分。

1992年，克林顿作为民主党领导委员会前任主席赢得了总统大选。民主党领导委员会成立于20世纪80年代，其目的是让民主党向更加中立且商业友好的立场转变。尽管克林顿的一些政策，比如提议彻底检查国家的医疗保健系统，受到了纯粹自由市场支持者的厌恶，但他能够运用激励和自由企业之类的言辞获取优势。在1996年的国情咨文演说中，克林顿宣布"大政府的时代已经结束了"。[94] 在那一年的晚些时候，他兑现了早期的竞选承诺，通过签署《福利改革法案》"结束了我们所知道的福利系统"，该法案和其他政策一样，都是为了加强对工作的激励。

然而，由于民主党的许多政策偏好（比如政府医疗保险项目、食物券以及增加最低工资）难以用经济学原理课上的简单结论证明合理性，民主党运用经济学语言的尝试变得复杂化了。越发保守的共和党人就不会受到这种限制。1995年，国会的多数党领袖迪克·阿米直言："市场是理性的，而政府是愚蠢的。"[95]在国家层面上，小布什总统用两个不同的经济学原理论断施压，要求大规模减税。他从供给侧的逻辑开始，认为"更低的税收和更多的投资将会帮助经济扩展"。但是随着经济于2001年滑入萧条，他转向了民主党人喜欢的凯恩斯立场："一种在危机期间刺激经济增长的方式是给人们货币——让他们自己保管货币。这就是经济学原理。"[96]

小布什延续了他父亲随意谈论经济问题的风格。到2012年，共和党总统提名人米特·罗姆尼在运用经济逻辑方面更加直率。比如失业保险的收益"导致一些人放弃工作，尤其是当这种收益可以维持数年的时候"。在税收方面，他强调"高边际税率会削减工作岗位、弱化企业家精神，对于储蓄和投资也是如此"。这位候选人说，医疗保健应该丢给市场主体，因为"竞争将驱动效率和有效性方面的进步，以更低的价格给消费者提供更高质量的商品和服务"。[97]

这些经济学原理概念现在已经成为大多数共和党经济政策的基本素材。比如2012年由预算委员会提出的预算案，当时预算委员会的主席是保罗·瑞安，他是罗姆尼2012年的参选伙伴，后来担任众议院的发言人。瑞安把这个国家面临的大多数挑战简化成了大一经济学课堂上讲的二维问题。该提案为给富人减税正名，因为"经济理论认为，大多数经验研究也证明了，边际税率提高——对特定点之上的收入征税增加，会减少工作、储蓄和投资的激励，也减少了经济产出，而边际税率降低会增加产出"。该提案反对向投资征税，因为"主流的经济学，更不用说常识，告诉我们对任何活动征税一般情况下都会减少该活动的数量"，并且"税收改革应该促进储蓄和投资，因为更多的储蓄和投资意味着更多的能够创造就业的资本"。此外，医疗保险计划应该私有化，因为"让病人自己控制为医疗保健花多少钱，会迫使供给方在价格和质量上相互竞争。这就是市场运作的方式：消费者是价值的最终保证人"。[98]

经济原理主义成功渗透到政治版图中，对美国社会产生了深远影响。正如经济学家斯蒂芬·科恩和布拉德·德朗所总结的那样，从里根执政开始，人们在很大程度上相信经济政策有必要"减少任何形式的政府对市场的干预和管制，开放市场让企业进入、创新、成长，如此这般就可以振兴并重塑经济"。为什么人们有这样的想法呢？科恩和德朗解释道："因为他们'早已知晓就该这样'，根本不需要看看现实世界到底是什么样子。"[99]他们所需要证明自己选择正确的全部内容，就是经济学原理。

当哈耶克在1944年写作《通往奴役之路》的时候，由供求驱动的竞争性市场模型还没有成为无所不在的、理解现代社会的通用框架。很少有人会觉得这种方法是合理的，更别提这种方法对大多数人而言是容易理解且有说服力的了。然而在此后数十年内，经济原理主义的制度化、普及化以及合法化逐一实现，这要归功于商人、投资者、知识分子、新闻记者以及政治家的共同努力。他们的部分成果是重新夺回了经济学原理这块领地。到20世纪90年代，他们终于使大一学生使用的每本教材都不会开始于失业和萧条等总体经济问题，而是开始于竞争性市场模型；即便是萨缪尔森的第十四版教科书也接受了最新的编排顺序，并把这解释为"市场的复兴"。[100]更为重要的是，经济原理主义的支持者成功地使经济原理主义变为我们文化的天然组成部分；经济原理主义是用来观望世界的通用镜头，是一套前提假设不需要被证明的论断。用经济学家戴维·科兹的话来说，"理念是把资本主义的制度形式聚合在一起并使之充满生机的重要组成部分"。[101]经济原理主义在今天扮演着重要角色，为一种特定的经济系统以及从中产生的不平等结果正名。

美国保守主义者明确的价值观和以往一样依然受到质疑。然而，有关全能的竞争性市场的想法，肩负着保守主义意识形态传播的使命，在如今声称自己具有不可争辩的逻辑。在这种伪装之下，经济原理主义歪曲了公众对于我们社会中许多关键问题的理解。本书后面的部分将讨论经济原理主义对这些领域的影响——多数情况下是对商人和有钱人的好处以及对普通家庭的危害。

第四章

受禄源于有功

社会将奖励那些通过自身活动满足社会所需的人,因而人们的薪水可以大体衡量其为社会做了多少贡献。

——瑞·达利欧,2011 年[1]

在一个富裕的工业化社会里，大多数人都随身携带超级电脑，你所要的任何东西几乎都可以在第二天出现在家门口，由此看来，有工作的人似乎不可能生活在贫困之中。然而，在美国，仍有 1 000 多万贫困劳动者，他们的家庭收入还处于贫困线之下。如果你环顾身边的人，就不难理解为什么了。在美国，最常见的两种职业是零售销售人员和收银员。有 800 万人从事这两种工作中的一种，通常工资为每小时 9~10 美元。[2] 靠这么微薄的工资是很难维持生计的。几年前，有爆料称，麦当劳内部援助热线建议，即使是全职的餐厅员工也要申请各式各样的公共救助。这一度令麦当劳十分难堪。[3]

大量贫困之所以存在，是因为许多劳动者根本挣不了多少钱。这种情况是可能的，因为企业必须支付的最低工资很低：2016 年美国的最低工资仅为每小时 7.25 美元（尽管在某些州和城市，最低工资水平会高些）。按照这个工资水平，一个人全职工作一整年不休息，约可以挣 15 000 美元——这对一个两口之家而言尚处于贫困线以下，就更不用说一个四口之家了。领取最低工资的劳动者已经有资格领取食品券了，并且在大多数州，他们还能得到医疗补助。经通货膨胀调整后，联邦最低工资标准与 20 世纪 60—70 年代大致相同，尽管在此期间平均生活水平有显著提高。[4] 美国目前的最低工资水平（占其平均工资的比例）在所有发达经济体中是最低的，这是今天美国社会不平等程度加剧的重要原因。[5] 乍一看，提高最低工资标准似乎是消除贫困的好方法。

最低价格问题

根据经济原理主义的观点，提高最低工资标准并不是消除贫困的好方法。一组供求曲线就能证明，提高最低工资的策略会增加失业并正好伤害了那些需要帮助的低收入劳动者。论证是这样的：就像任何产品或服务一样，市场中存在低技能劳动力的供给方和需求方。供给方是工人，需求方是雇主，劳动力的价格是工资。供给曲线向上倾斜，是因为如果你支付他们更多的工资，他们就会工作更长时间，至少在理论上是这样的。要理解这一点，我们可以先考虑人们为什么要工作。根据经济学原理课上的内容，我们所有行动的目标都是增加我们的效用——健康、满足、幸福或类似的东西。在决定是否要多工作一个小时时，你实际上在权衡从工资中获得的效用（以及你用这些工资可以购买的东西）和从一个小时的休闲时间中获得的效用的高低，比如你可能会用这一个小时陪你的孩子玩儿、观看最新一集的《权力的游戏》或读这本书。工资率越高，意味着你能买的东西越多，从这些东西中得到的效用就越多，工作相对于休闲就越有吸引力。[①]

需求曲线向下倾斜，是因为在较高的工资水平下，雇主并不希望雇用那么多工人。有些公司也许能用机器代替工人（以资本代替劳动力），但其他公司可能会缩减运营规模，甚至选择停业。与任何市场一样，自然价格（即均衡价格，在图4–1中是每小时6美元）恰好是供给与需求相等时的价格，即在每小时6美元的工资水平上，愿意接受工作的人数等于此时市场提供的工作岗位的数量。供求曲线交点左侧的人（那些愿意以每小时6美元或低于每小时6美元工作的人）都有工作。交点右侧的人只有得到超过每小时6美元的工资，才乐意放弃一个小时的休闲时间，因此他们失业了，但这实际上是一件好事，因为相比得到6美元的工资，他们更乐于拥有这一个小时的休闲时间。如果其中一个人要找份工作，那么社会实际上会变得

---

① 需求函数最初是建立在效用理论基础上的。雪铲的需求曲线表明，对于每一个价格，有多少人从雪铲中获得的效用要高于他们用相同金钱购买其他商品所带来的效用。

更糟：要么那个人的收入会低于其对自己的时间估值，要么雇主要支付超过其工作价值的工资。因此，自然价格下实现的供需均衡提供了所有可能情形中的最佳情形。

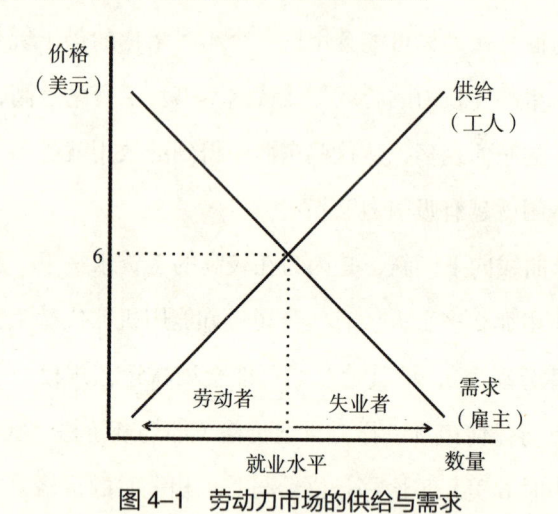

图4-1 劳动力市场的供给与需求

最低工资破坏了这种和谐的平衡，因为它为劳动力市场设定了价格底线。如果最低工资低于自然工资，市场就不会有任何变化。但是，如果最低工资高于自然工资（例如每小时7.25美元），那么将如图4-2所示，它会带来市场的扭曲。相较于工资为每小时6美元的情形，当工资被设定为每小时7.25美元的时候，市场中会有更多的人希望寻找工作，但公司想雇用的员工数量变少了。结果是出现更多的失业人口。仍处于工作岗位上的人会生活得更好，因为完成相同的工作，他们将获得更高的报酬，他们所额外得到的部分恰恰等于雇主所额外损失的部分。但整个社会因此变得更糟。图4-2中代表"价值损失"的阴影小三角形表示，相较于供需平衡时劳动力供需双方都获益的情形，在设定最低工资的背景下，这部分劳动力市场将无法达成交易，即有些工人愿意以低于每小时6美元的工资从事的工作和有些公司愿意支付超过每小时6美元工资的工作消失了。在一个有着最低工资的世界里，这些工作以及它们本来会生产的商品和服务都消失了。威廉·鲍莫尔和艾伦·布林德在他们的教科书中提到，最低工资是一项"阻止买卖双方进行互惠交易"的法律，因此"一个愿意工作的工人将因为'过低'的工资待遇而被迫继续失业"。[6]

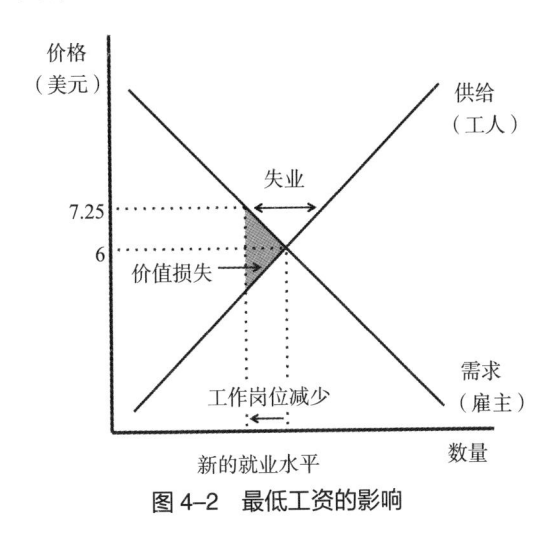

图4-2 最低工资的影响

长久以来，最低工资就是经济原理主义中一个让人觉得不可思议的问题。亨利·黑兹利特在《一课经济学》中写道：

"为了消除低工资，你选择了失业。你伤害了所有周围的人，但没有相应的补偿。"在《资本主义与自由》中，弗里德曼颇为自负地将最低工资描述为"一个再清楚不过的好心办坏事的例子，其效果恰恰与想要帮助贫困者的想法相反"。因为雇主不会付给任何人比其工作价值更多的钱，他继续说道："最低工资法的效果显然是增加贫困。"万尼斯基在《世界运行之道》中同样总结道："最低工资的每一次提高都会导致实际产出的下降和就业的减少。"在1980年的竞选游行中，里根说："自大萧条以来，最低工资造成的痛苦和失业比任何东西都多。"[7] 几十年来，卡托研究所、遗产基金会和曼哈顿研究院一直在旗帜鲜明地抨击最低工资，始终强调从经济学原理课中学到的关键结论：工资上涨导致雇主削减工作岗位。[8]

在目前经济不平等加剧的环境中，最低工资是政治辩论的核心议题。加州、纽约市和西雅图都将最低工资提高到每小时15美元，美国前总统奥巴马呼吁将联邦最低工资标准提高到每小时10.10美元。一群评论员则提醒我们在经济学原理课上所学过的内容。在《华尔街日报》上，经济学家理查德·维德解释说："如果某种东西（包括劳动力）的价格上升了，人们买的就少了。因此，诸如最低工资法等政府干预的做法会降低市场对劳动力的需求数量。"蒂姆·沃斯托尔在为《福布斯》撰文时提供了一个数学证明："工资成本降低几千美元可以增加就业。显然，假如工资成本提高4倍或5倍，那将会产生显著的失业效应。由此可得：每小时15美元的最低工资将毁掉许多工作。"（接着对于那些支持提高最低工资的理论论据，他说："恐怕我得说我真的不相信这些论点。"）就职于美国企业研究所和《国民评论》的乔纳·戈德堡则补充说："对于使用享受低工资的非熟练劳工的企业，最低工资与征税没有什么不同。如果说经济学家有什么共识的话，那就是假如你对某样东西征税，你得到的就更少了。"[9]

现实世界的情况

然而，最低工资在现实世界中的影响远不如这些言论描述的那么明显。从历史经验来看，最低工资与失业之间没有明显的联系：对通货膨胀进行调整后，联邦最低工资在1967—1969年最高，当时失业率低于4%（这是历史上的低水平）。[10] 当真正的经济学家试图解决这个问题时，他们得到了各种各样的结果。1994年，戴维·卡德和艾伦·克鲁格通过比较新泽西州和宾夕法尼亚州边境的快餐店，评估了新泽西州最低工资上升的影响。他们总结道："这与教科书模型的主流预测相反……我们没有找到任何能够表明新泽西州最低工资的上涨减少了该州快餐店就业的证据。"[11]

卡德和克鲁格的发现受到数十项实证研究的激烈质疑。时至今日，辩论双方都可以援引支持他们立场的论文，也可以列出不赞同对方结论的学术研究综述。长期反对最低工资的经济学家戴维·诺伊马克和威廉·瓦舍尔在 2006 年回顾了 100 多篇实证论文。尽管这些研究的结果各异，但他们的结论是，"多数的证据"表明，更高的最低工资确实增加了失业。此外，最近的元分析（将多项分析的结果汇总在一起）发现，提高最低工资对就业没有显著影响。[12] 在过去几年中，新一轮的复杂分析通过对比邻近县之间就业水平的变化，也发现"最低工资上涨有明显的收入效应，但对就业的影响很小"。（也就是说，就业岗位的数量保持不变，工人也能挣到更多的钱。）显然，诺伊马克和瓦舍尔对这种方法颇有质疑。[13] 整个经济学界在这个话题上各执一词：2013 年，芝加哥大学布斯商学院向一个由著名经济学家组成的团队发放问卷，询问将最低工资提高到每小时 9 美元是否会"使低技能工人找到工作的难度明显增大"时，答案大相径庭。[14]

提高最低工资可能不会增加失业率的观点，与经济学原理课上的结论是不一致的。根据教科书的说法，如果某物（在这种情况下是劳动力）变得更加昂贵，人们（在这种情况下是企业）购买的数量就会更少。但是，有一些原因可以解释现实世界为何表现得如此不可预测。尽管标准模型表明，如果工资增加，那么雇主将用机器代替工人，但并不是每个公司都能以合理的成本获得额外节省劳动力的技术。小雇主的灵活性尤其有限，在他们所处的规模上，他们可能无法用更少的工人来维持他们的运营。（想象一下本地的复印店：无论复印机有多快，你仍然需要一个人与客户打交道。）因此，如果最低工资标准提高，那么仍有一些公司无法裁员。另一种极端情况是，大雇主可能有足够的市场力量，通常的供求模式并不适用于他们。他们可以通过雇用更少的工人（只雇用那些愿意为低工资工作的人）来降低工资水平；也有一种可能，最低工资迫使他们支付更多薪酬，为了保持盈利，他们反而需要雇用更多的工人。

在上述例子中，更高的最低工资水平提高了劳动力成本。但许多公司可以通过提高价格将这些增加的成本转移给消费者，因为它们所服务的大多数消费者并不贫困，所以净效应是由高收入家庭向低收入家庭的货币转移。此外，支付更多工资的公司往往受益于更高的员工生产水平，这抵消了劳动力成本的增长。① 在对实证研究进行回顾时，贾斯廷·沃尔弗斯和扬·济林斯基找出了几个更高工资会提高生产率的原因：更高的工资能激励人们更加努力地工作，能吸引高技能人才，减少员工流失，降低招聘和培训成本，等等。如果辞职的人少了，那么因跳槽而失业的人数也会减少。[15] 更高的最低工资激励更多的人加入劳动大军，进而增加了就业和产出。② 最终，更高的工资

---

① 理论上，如果厂商知道更高的工资会提高生产率的话，就会支付更高的工资，但是在现实生活中，厂商并不是全知全能的。
② 标准模型认为，如果有人在更高的最低工资水平上可以找到工作，那么最低工资水平降低时，这些人还是能够找到相同的支付同样工资的工作。但是人们并不一定知道这一点，因为他们并不知道自己的边际产出。

提高了工人的消费能力。由于贫困者的支出占收入的比例相对较高，因此较高的最低工资可以促进整体经济活动，刺激经济增长，从而产生更多的工作。所有这些因素都将使经济学原理课中教授的二维图复杂化，而且这有助于解释为什么更高的最低工资并不一定会使人们失业。[16] 供需关系图是考虑最低工资时的一个良好的概念起点，但就其本身来说，在我们更为复杂的现实世界中，它的预测价值是有限的。

即使提高最低工资确实导致一些人失业，这个损失也会被其他低收入工人增加收入的利益抵消。美国国会预算办公室的一项研究估计，每小时10.10美元的最低工资将减少50万个工作岗位，但会增加大多数贫困家庭的收入，使90万人脱离贫困。类似地，经济学家阿林德拉吉特·杜贝最近的一篇论文发现，最低工资提高10%将可以减少2%~3%的贫困家庭数量。[17] 部分参与2013年芝加哥大学布斯商学院调查投票的经济学家认为，提高最低工资是个好主意，因为它对就业的潜在影响将被那些仍能够找到工作的人所获得的收益抵消。[18] 提高最低工资还将缩小低收入工人和高收入工人之间的工资差距，从而降低不平等的程度。[19]

简言之，是否应该提高（或取消）最低工资是一个复杂的问题。经济学研究很难对此做出分析，争论往往转向复杂的计量经济学细节问题。最低工资的任何变化都会对不同人群产生不同的影响，也应当与那些可能有利于贫困工人的政策进行比较，比如弗里德曼推崇的负所得税（一种给低收入家庭的现金补助，类似于今天的所得税抵免），或者哈耶克假设的最低收入保障。[20]

然而，当话题上升到国家层面时，经济原理主义所表现出来的就只有轻率的言论和全盘的否定：想要提高最低工资的人只是不懂经济学（尽管按这个标准来看，一些诺贝尔经济学奖获得者也不懂经济学[21]）。许多政治人物不断重复经济原理主义的中心论点，声称自己心中只考虑贫困者的最大利益。在2016年的总统竞选中，参议员马尔科·卢比奥反对提高最低工资，因为公司会用资本代替劳动力："我担心人民的工资将下降到零水平，因为你使他们比机器更昂贵。"参议员特德·克鲁兹也代表贫困者补充道："最低工资总是伤害到最脆弱的人。"参议员兰德·保罗解释说："当（最低工资）高于市场工资时，这就会导致失业。"因为它减少了公司能够雇用的员工数量。佛罗里达州前州长杰布·布什同样援引经济学原理课程的内容，说工资应该交给"私营部门"决定，比如像沃尔玛这样的公司，让它们"根据供求关系而提高工资"。对国会议员保罗·瑞安来说，提高最低工资是"糟糕的经济学"，"会因提高劳动力价格而损害经济"。[22]

这种认为最低工资会伤害贫困者的信念是经济原理主义在实践层面的一个例子。经济学家根据不同的模型和研究，对这个问题会有不同的看法，但当涉及公众辩论时，一个特定模型的具体结果会被当作无懈可击的经济定理展示出来。(相比之下,主张提高最低工资的政客往往回避经济模型,而是在公平或扶贫济弱方面据理力争。)造成这种情况的部分原因是,经济学导论课上的竞争市场模型简单、清晰且好记。但这种情况在有一个大的利益集团(比如那些严重依赖廉价劳动力的企业)希望将最低工资维持在低水平时也会发生。

在反对最低工资的宣传和公关活动(包括许多重复供需基本理论的专栏文章)的背后,餐饮业一直充当主力军的角色。[23] 例如,一家餐饮公司的 CEO 在《华尔街日报》上解释道:"每个零售商都处于盈利的位置,但仅仅是在边际上。人工成本的增加会将这些商店推到盈利线以下并让其产生亏损。当出现这种情形时,那些希望保持竞争力的公司就将关闭它们。"结果是"大幅提高最低工资会摧毁工作岗位,伤害本来想帮助的美国工人阶级"。[24] 然而,康奈尔大学酒店管理学院研究者最近的一项研究表明,当他们稍微提高工人的薪酬时,提高最低工资并不会影响餐馆的数量或雇用的人数,这与餐饮行业的极端预测相反。[25] 由于关门的餐馆数量并没有增加,这意味着提高最低工资会削减超额利润——超出维持营业所必需的利润。或者,正如金融评论员巴里·里特霍尔茨所说,"提高最低工资实现了从股东和特许经营者到领取最低工资工人之间的财富转移"。[26] 但是,行业高管没有抱怨最低工资会减少他们的利润,而是抛出了经济学原理中一个对他们有利的简单解释来做掩护。

事实上，这些争论恰恰印证了经济原理主义的历史影响。曾几何时，影响工人工资和收入不平等的主要议题是工会化。20世纪50年代，大约每三个工人中有一个是工会成员。[27] 当然，工会是经济原理主义早期经常抨击的对象。哈耶克认为，工会对工人和社会整体都是不利的；对工人而言，"从长远来看，工会不可能将所有希望工作的人的实际工资提高到超过由自由市场所达到的水平"；对社会而言，"通过对不同类型的劳动力供给实施有效垄断，工会将阻止竞争机制发挥资源分配的有效调节器的作用"。对弗里德曼来说，工会"通过扭曲劳动的使用来伤害公众和所有工人"，同时加剧了工人阶级内部的不平等程度。[28] 从里根政府开始，美国国家劳动关系委员会就越发能容忍美国劳工阶层成分的变化、州立劳动权利法和雇主激进的反工会策略，所有这些都导致工会化水平长期、缓慢下降。到2015年，只有12%的工薪阶层是工会成员——在私营部门，这一比例甚至不到7%。[29] 中低收入工人的议价能力下降，是其工资跟不上整体经济增长的主要原因。根据社会学家布鲁斯·韦斯顿和杰克·罗森菲尔德的分析，1973—2007年，不平等的加剧有1/5~1/3要归因于工会的衰落。[30]

随着工会逐渐成为遥远的记忆，联邦最低工资法已成为支撑低收入工人工资的最后希望。通过从低工资工作的现实中抽象出一个崭新的由供求"法则"支配的世界，经济原理主义的世界观再次成为雇主的"帮凶"。正如参议员保罗所说，"这是一个经济学观点。这是应该以理性而非感性的方式完成的事情"。[31] 也许对一个政治家来说，最重要的是，这种言辞听起来比为企业和企业老板站台而获得他们的资助的说辞要好。为了维系美国餐馆和酒店廉价劳动力的供给，经济原理主义既是一种有效的辩论工具，也是一种将注意力从实际问题转移开的方法。

社会顶层的视角

工人阶级的工资停滞不前只是造成美国目前惊人不平等程度（最顶层 0.1% 的人口所拥有的财富相当于后 90% 人口所拥有的总和）的原因之一。另一个原因是富人越来越富有了。高层劳动力报酬的迅速增加是近几十年来收入不平等加剧的另一个主要原因。自 2010 年以来，美国收入最高的 0.1% 家庭的收入平均占美国总收入的 10% 以上，而 20 世纪 70 年代的这个数字不到 3%。[32] 这种收入的暴涨主要集中在少数几个超级明星群体：企业高管（特别是 CEO）、金融专业人士（特别是基金经理），以及上市公司的创始人。

自 20 世纪 70 年代末以来，大型公司 CEO 的平均总薪酬（包括薪酬、奖金、股票奖励和其他福利）在扣除通货膨胀因素之后增长了 900% 以上，达到了每年 1 500 万美元，而一线员工的工资仅增长了 10%。在 20 世纪 50 年代，大公司 CEO 的年薪相当于普通工人的20倍；但今天，他们的年薪相当于普通工人平均水平的200倍。[33] 精英顶层能够获得天文数字般的报酬。例如，罗伯特·纳尔代利在家得宝工作了6年，尽管任期内公司的股价并不怎么样（其间，市场还经历了一次房地产热潮），但他仍旧获得了超过1.2亿美元的薪酬，在2007年辞职时又得到了2.1亿美元的解约补偿金。[34] 然而，与对冲基金和私募股权基金的明星经理相比，CEO的薪酬显然不值一提。2014年（经济不算特别好的年份），25位基金经理每人的收入至少是1.75亿美元，其中有3人的收入超过10亿美元。[35] 科技初创公司也有一定比例的亿万富翁：美国11位最富有的人中，就包括微软、甲骨文、亚马逊、脸书、彭博社和谷歌的创始人。[36]

以往美国总是为这些超级明星喝彩，并把富人偶像化。然而，现在关于社会不平等的看法已经深入人心。① 如果一个管理财富的人可以获得超过10亿美元的年薪，那么这个世界一定是出了什么问题。

工资 = 生产力

当然，或许并非如标题所说，工资和生产力之间也有可能

---

① 即便对根本就不知道美国变得有多不平等的大多数人而言也是如此。平均而言，美国人认为最富有的前20%人口占有了总财富的59%，但实际上他们所拥有的财富比这个数字多得多。[37]

不画等号。根据经济原理主义的原则，超高的薪水总是公正合理的，因为给那些挣大钱的人的每一分钱都是值得的。请记住，劳动通过市场进行交易。假设工厂工人的市场工资是每小时20美元，如果制造公司再雇用一个人能够使每小时增加的产出价值20美元以上，那么它将再雇用一个工人。相反，如果公司解雇一个工人会使每小时减少的产出的价值不到20美元，那么它就会解雇一个工人。公司将调整工人数量，直到增加或减少一个人后每小时相应增加或减少的产出的价值正好是20美元。此时，工人的工资等于他们的边际产出，也就是每个人为公司贡献的价值。用亨利·黑兹利特的话说，"（一个独立工人）生产得越多，对消费者而言，他的努力就越有价值，因此对雇主也越有价值。他对雇主的价值越高，他得到的报酬就越多"。[38]

工厂工人没有什么特别之处，所以这些原则适用于任何种类的员工。普遍规则是工人会获得相当于他们边际产出的价值。如果情况不是这样，公司就会通过雇用或解雇工人来保证自己获得更高的收益。所以，如果高盛的CEO劳埃德·布兰克费恩在2014年挣了2 400万美元，那就是因为他对公司而言值2 400万美元。[39]简言之，在这个所有可能性中最公平的世界里，你的所得是基于你的技能水平、努力程度以及生产能力的。

经济原理主义为赢家通吃的报酬体系提供了完美的辩护——至少从赢家的角度来看是这样的。经济学原理课中的竞争市场模型将不平等解释为一个报酬由劳动力自由交换系统决定的必然结果，从而使不平等合理化。同时，它鼓吹不平等的结果是所有实现社会福利最大化的途径中最好的那个。人们得到的一定是与其产出价值相等的工资。如果他们的工资过高，劳动力成本就会太高，企业就会削减生产；如果他们的工资过低，他们就会少工作，多花些时间来休闲。弗里德曼在《资本主义与自由》中总结了这一关键原则："为了最有效地利用资源，支付与产出价值对等的报酬是必要的。"[40]

因此，每当人们提出高管薪酬是否过高的质疑时，比如说，迈克尔·奥维茨刚刚工作一年多就被解雇，他是否值得迪士尼公司派发1.4亿美元的"分手费"呢？[41] 经济原理主义的拥护者会提醒我们这是符合基本供求规律的。根据《华尔街日报》的社论，CEO的薪酬并不高，因为它是由市场决定的，反对者只是"嫉妒CEO"。在最近的金融危机之后，卡托研究所的马克·卡拉布里亚认为，高管薪酬"仅仅是反映市场过程的有效结果"。在《福布斯》发表的文章中，经济学家杰弗里·多尔夫曼重申，"员工获得的是与他们价值对等的薪酬"。至于高管，"CEO的薪酬可能太高，也可能不高，除非有人将他们的薪酬与他们为公司带来的边际利润进行比较，否则，我们将没有答案"。自由派经济学家罗伯特·赖克声称，CEO和电影明星一样挣"巨额工资"，是因为"这些明星的收入与他们创造的利润相比，仍然很少"。[42] 前参议员菲尔·格拉姆更是接受这一逻辑。他在谈到从美国电话电报公司退休、拿到 1.58 亿美元离职补偿金的埃德·惠特克时说："如果真的有工人被剥削的话……那就是这个为公司增加了数十亿美元价值的人。他被剥削了。这太不人道了。"[43]

富人是如何成功的

然而，有关收入等于边际产出的简单原则，与真正理解世界的实际运作方式没有多大关系。对整个经济来说，这个原则并不有效。在美国，从 20 世纪 40 年代末到 20 世纪 70 年代初，工资的增长紧跟着生产率的增长；然而，自那以后，工资的增长比生产率的增长慢得多。[44] 这种分化有力地说明了薪酬水平很可能是由议价能力而非纯粹由生产率决定的。

在管理层中，情况更是如此。认为优秀的 CEO 有权获得丰厚的回报，是基于"公司的成败取决于一人"的信念——历史学家南希·科恩称之为"英雄史观的商业版本"。实际上，企业经营是一项团队运动：不仅无法量化单个领导者的边际产出，而且很难讲清楚所谓的边际产出。[45] 由于没有人知道一个 CEO 的价值，其薪水取决于说服公司董事会的能力。然而，这很难说是一场势均力敌的谈判。CEO 通常一开始就是董事会中最有权势的人。在《财富》500 强企业中，有一半的 CEO 同时担任董事长。即使没有董事长这个头衔，一个 CEO

仍然因为其知识、关系以及很难被迅速取代的事实而具有不成比例的影响。一个精明的 CEO 可以招募盟友，并把他们安置在负责制定薪酬待遇的委员会中；委员会通常基于对类似公司的分析来制定薪酬，特别是那些支付给 CEO 高薪的公司。委员会总是提议支付不低于类似公司中位数的报酬，因为没有董事会愿意承认其公司领导者的能力低于平均水平。总报酬的某些部分与绩效指标挂钩，但 CEO 可以鼓励委员会选择容易达到的指标。[46] 最后，正如沃伦·巴菲特所说，"当薪酬委员会像往常一样，在一位高薪聘请的顾问的支持下，提出向 CEO 提供巨额期权奖励时，如果有人此时建议大家再慎重考虑一下，那么这就会像在餐桌上打饱嗝儿那样招人厌烦"。经济学家约翰·肯尼思·加尔布雷思解释得十分精辟："大公司 CEO 的薪水不是市场对其成就的奖励，它往往是个人对自己热情态度的褒奖。"[47]

与最低工资相似，经济学家们对于 CEO 的薪酬是否与其为公司创造的价值相关有着严肃的学术争论。"虽然领导者很重要，"正如管理学教授悉尼·芬克尔斯坦所说，"但运气也发挥了难以言说的更重要的作用。"玛丽安娜·伯特兰和塞德希尔·穆来纳森通过 2001 年的一项研究发现，CEO 的高薪往往是走了"狗屎运"。例如，他们发现，石油公司的领导者会仅仅因为油价上涨带来的公司利润增加而被支付更多薪水。[48] 卢西恩·别布丘克和他的几位合作者认为，付给 CEO 最多工资的公司的管理状况很差，而且总体利润也不比其他公司高。然而，其他经济学家却为CEO的薪酬进行了辩护。史蒂文·卡普兰和乔舒亚·劳发现，CEO的变现报酬（他们卖掉所有股票后能得到的财富）在公司股票表现最好的时候达到最高值，而且报酬水平与他们所在的行业相关。卡普兰也认为董事会实际上在解雇表现不佳的领导者方面做得很好，高薪只是"人才市场"中供求关系表现出来的结果。[49]

在华尔街，高薪的动因则有所不同，不过薪酬与经营状况之间的联系同样是模糊不清的。许多金融机构都对它们把个人薪酬与边际产出挂钩的行为感到自豪。交易员和投资银行家的奖金基于他们自己交易的盈利能力：用银行家的话来说，就是按劳取酬。但是，由于奖金永远不会是负数，个别员工会因为赌对了而获得巨额回报，也可能因为下错了赌注而让持股者被牢套。我们在2008年金融危机达到顶峰时能够观察到这种现象。例如，在美国国际集团金融产品部（美国国际集团的一个部门，全球最大的保险公司）中，30%的利润会进入奖金池。2002—2007年，CEO约瑟夫·卡萨诺每年至少获得3 800万美元。[50]然而，产生这些"利润"的赌注从2008年开始变得糟糕无比，最终导致美国国际集团倒闭并被美国政府收购。有了这种薪酬制度，7位数和8位数的奖金支票可能是跑赢市场的奖励，但也可能是一个"狗屎运"的产物——要么刚好赶上好时机，要么在走势变坏之前拿到奖金。

同样的准则也适用于高端资产管理领域，这是金融业最赚钱的部分。对冲基金和私募股权基金公司的合伙人以"2+20"原则管理其他人的资产——收取投资资产的 2% 加上投资回报的 20%。这意味着，如果你管理 100 亿美元并获得 10% 的回报（不算差，但这业绩通常也不是特别惊人），你就获得了 4 亿美元：2% 的总资产是 2 亿美元，另外 2 亿美元来自回报的 20%。这笔巨款是客户（基金中的投资者）支付的服务费，因此经济学原理课会说，这一定是对的，否则客户就不会花这个钱了。

华尔街也在演绎着关于运气的经济学：鉴于市场化的运作方式，一些基金经理的巨额绩效工资只是运气的恩赐。话虽如此，真正的超级巨星，如文艺复兴科技公司的詹姆斯·西蒙斯和桥水基金的瑞·达利欧，几十年来都带来了额外的回报。这说明其中或许存在天赋的因素。然而，这些例子并不能证明我们所处的世界是所有可能世界中最好的那个。在前面的例子中，工厂工人的边际产出是每小时 20 美元，因为其创造了 20 美元的价值——工人能将价值 5 美元的原材料转化为售价 25 美元的销售产品（因为它对消费者来说有 25 美元的价值）。但是，在二级证券市场上低买高卖并不能产生数十亿美元可供任何人消费的有形产出。从理论上讲，这种赌博具有经济价值，但我们很难对其效益进行有意义的量化。在某些情况下，有利可图的交易策略可能推动次贷泡沫长期存在，并扩大金融危机的影响[51]，就像美国国际集团金融产品部不幸赌上了最终在 2008年 9 月冻结了整个金融体系的次级贷款。从客户的角度来看，也许明星基金经理确实能帮他们获取不错的收益。然而，从社会的角度来看，目前并不能确定这与边际产出之间有什么明确的关系。

在今天的赢家通吃经济中，最近一组赢家包括比尔·盖茨、马克·扎克伯格、杰夫·贝佐斯、拉里·佩奇、谢尔盖·布林和已故的史蒂夫·乔布斯。他们都是广受推崇的科技巨头，在各自公司所拥有的股票价值数十亿美元。一个公司的股价反映了它在未来所预期获得的利润，而利润无疑是衡量公司为客户创造的价值的一个方法，① 所以这些超级创业明星的巨额财富也许是由他们对社会的贡献决定的。首先需要注意的是，尽管科技企业家有名望，但他们在经济精英中确属特例，不反映一般性的规则。在 2005 年，大多数收入在前 0.1% 的人是企业高管或金融专业人士，只有 3% 的人来自技术领域。[52] 即使对这些现代"英雄人物"来说，其拥有的财富在反映生产力这一点上也不明显。想想盖茨，他是微软的联合创始人，也曾是美国首富。他使微软成为全球最大的软件公司，它的产品包括 Windows（视窗操作系统）、Office（办公软件）和 Internet

---

① 利润是收入和成本之间的差值，所以你可以把利润想象成公司买入一组特定的投入（资本、劳动力、原材料等）并把它们加工成对消费者而言有更高价值的产品。

Explorer（网页浏览器），但并没有哪一个是在同类产品中率先上市的。微软的成功部分源于盖茨的战略敏锐性。微软在桌面操作系统、办公软件和浏览器领域战胜了对手并占据了市场，几十年来获取了垄断市场中的大部分利润。然而，即使没有盖茨和微软，其他公司也会获得这些利润，某个人也能身家数百亿美元。甲骨文也是如此，在20世纪80年代，甲骨文只是众多关系型数据库中的一个；又比如脸书，在它之前有Friendster和Myspace等社交网站。在以网络效应为特征的市场中，拥有大量客户会使你的产品比其他产品更具吸引力，少数赢家往往获得不成比例的回报。

而且，把赢家和陪跑者分开的往往只是运气。在创办公司、实现盈利和公司上市的过程中，很多环节都可能出现问题，即使企业家做的每件事都是正确的，成功仍然取决于其公司躲避各种厄运（比如早期客户项目的取消、关键员工的离职、遇上经济衰退等）的能力。考夫曼基金会的一项调查结果显示，73%的企业家认为好运是他们创业成功的重要因素。[53]科技创业公司的经营有点儿像玩彩票，没有人会声称彩票的收益是由中奖者的边际生产率决定的。尽管根据经济学原理课的劳动力模型，比尔·盖茨的巨大财富一定是他超人般的生产力的结果，但任何熟悉科技世界的人都明白，这在很大程度上要归功于时机、好运和竞争对手的失误。无论如何，我们应该质疑这样一个模型——盖茨的工作价值数十亿美元，而现代互联网的发明者蒂姆·伯纳斯－李所做出的贡献则由于其从未建立一个公司而几乎一文不值。

当我们观察富人群体（无论是《财富》500强中的CEO、华尔街的宇宙主宰，还是硅谷大亨）的时候，就会对经济学原理课能否解释这些人的收入产生怀疑。在每个领域，薪酬与边际产出（某人的工作对社会的价值）仅有间接关系，而且往往取决于运气。（哈耶克非常了解这一点，在《通往奴役之路》一书中，他写道："在竞争中，机会和好运在决定不同人的命运时，往往与技巧和远见一样重要。"[54]）迄今为止，我们仍然不清楚如此巨额的薪酬对于劳动力的最佳配置是不是必要的。根据这个模型，如果公司给员工的薪水低于他们的工作价值，他们就可能会选择做一些价值较低的事。但最富有的高管、基金经理和科技企业家似乎不是这么做决策的；他们已经获得的收入远远超出他们一生中可能的花费，因此他们可以自由选择任何职业或者给予他们最大自我满足的休闲活动。那些人之所以继续工作，是因为他们喜欢工作，或者说是因为工作给了他们一种无法通过其他方式获得的成就感。

为什么普通人应该关心公司的CEO和基金经理是否真的值几百万美元，而不是几千万美元呢？首先，设计不当的薪酬方案，对支付薪酬的公司和整个经济都是有害的。超额的报酬降低了股东的利润，这个群体不仅包括富人，还包括那些把退休金投资于股市的普通人。此外，与短期目标相关的可以被内部操作的奖励可能会导致高管做出使其奖金最大化而损害公司长远发展的决策。例如，如果公司根据季度业绩对CEO进行评估，那么CEO可能会通过减少研发支出（这些投资通常在几年后才能得到回报）来提高利润。更令人担忧的是，巨额奖金的诱惑是各大金融机构在近些年急切渴望承担风险的原因之一。抵押经纪人的佣金取决于贷给那些股份奖励与其公司股票价格紧密相关的CEO的资金的价值，而人们对这种支付计划的回应是增加交易数额并增加单方面的投注。这种巨大的风险偏好助长了房地产泡沫，同时也决定了当泡沫最终破灭时，一些世界上较大的金融机构随之轰然倒塌。

然而，每当有人认为超额报酬是一个需要被解决的问题时，经济原理主义就来捍卫现有秩序。金融危机后，薪酬制度改革似乎是朝着建立更安全的金融体系而迈出的合乎逻辑的一步。可是，一旦涉及政府监管，智囊团和媒体中质疑政府干预的人便强烈反对。例如，遗产基金会的戴维·梅森反对政府干预，理由是市场势力必然阻止超额报酬："在运行良好的市场中，那些向高管支付高于其市场价值的薪酬的公司最终会遭受损失。"[55]《多德－弗兰克金融改革法案》只通过了几项折中的规定。其中最值得注意的是，公司需要非控股股东投票批准高层管理人员的薪酬，并且需要披露CEO和普通工人之间的薪酬比率。这些规定可能会在一定程度上增强股东的影响力，但不太可能对现行薪酬做法产生太大影响。

对于身处收入分配顶层和底层的人，经济原理主义解释为一切都很好，维持现状就好：提高最低工资只会伤害贫困者，而 CEO 和基金经理的财富只是他们惊人的生产力的副产品。大学一年级课程所教授的劳动力市场的简单模型（快餐店工人和超级明星都得到了他们应得的报酬）完美证明了劳工阶层微薄收入和精英阶层超额收入的合理性。根据经济原理主义，极端的收入不平等是自然的，因为它是市场过程的结果；它是最佳的，因为它确保最有效的劳动力分配；它是道德的，因为每个人都得到了应得的报酬。认为社会总体产出应该更平等地被分配的想法，只是怀有善意又缺乏主见的改革者的幻想。

几个世纪以来，谁应该得到什么已经成为一个核心的政治问题。经济原理主义把这个问题从政治领域转移到了抽象理论领域，为竞争劳动力市场提供了完美的、无可争议的解决方案。在贵族社会，如 18 世纪的法国或 19 世纪的俄国，富有的贵族把他们的财富归功于出生的运气，他们需要担心无产阶级将来可能发动的暴力革命。相比之下，今天美国的富人们受到了广泛传播的信念的保护，这种信念认为，巨额收入以及由此产生的不平等仅仅是不可避免的经济需要的产物。

第五章

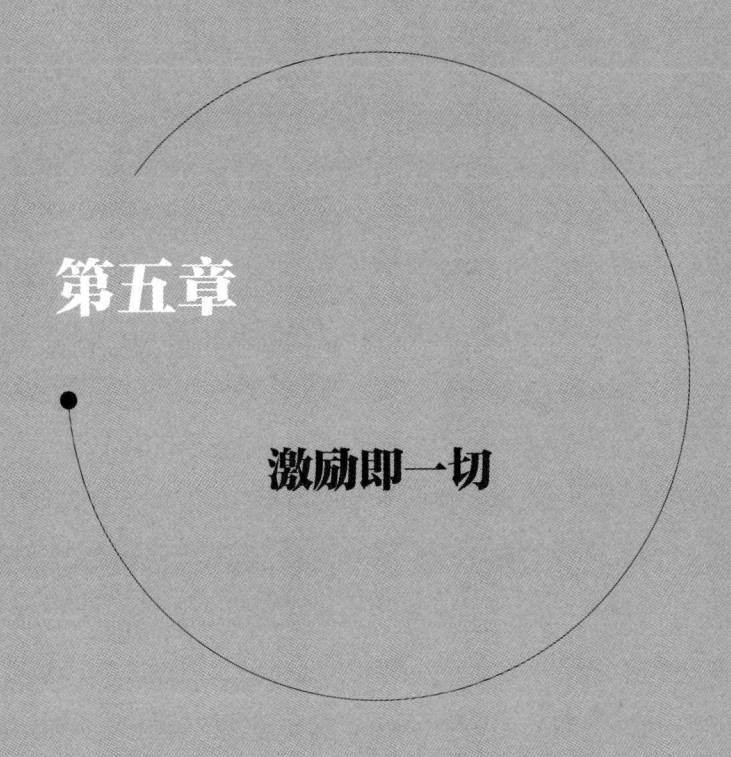

激励即一切

为了帮助贫困者和中产阶级,必须降低富人的税率。

——乔治·吉尔德,1981 年 [1]

沃伦·巴菲特是世界上最富有的三个人之一,他需要担负的税率却低于他的秘书。这看起来的确不公平。巴菲特自己就建议对年收入超过100万美元的人提高征税税率。[2]对超级富翁征收更多的税,也许会缓解普通百姓停滞不前的工资和明星高管、基金经理以及企业家收入过高所造成的不平等。

从理论上说,美国已经采取了累进税率体系。这意味着富人应该支付比中产阶级更高比例的税收。然而,事实并非如此。联邦政府对劳动收入所征收的税率高达39.6%,但对投资所征收的税率则低得多:大部分资本收益(以高于成本价的价格销售某物所获得的利润)和股息(公司向股东支付的现金)的税率最高为20%。大多数收入还需要缴纳15.3%的工资税,以向社会保险和医疗保险提供资金,但这种税收只适用于收入不高于12万美元的人群,因此它让贫困者比富人做出了更大的牺牲。考虑税收优惠储蓄账户、附加利息，或者异常复杂的避税手段后，情况会变得更加复杂。总而言之，尽管许多富人向美国国家税务局付出了高额税收，但像巴菲特这种从投资中赚钱的人很容易支付低于普通劳动者的税率。受到这个例子的启发，美国前总统奥巴马提出了"巴菲特规则"：年收入超过100万美元的家庭，缴纳的最低税率为30%。

无谓损失三角形

不幸的是，这只会让每个人都变得更糟糕，至少根据经济学原理课的说法是这样的。经济原理主义的一个核心原则就是缴纳税收并不是一件好事。你通常可以用供需曲线进行轻松的论证。假设每销售一个雪铲需要缴纳5美元的税收，如前所述，没有税收的市场价格是15美元，但现在如果你为雪铲花费15美元，那么卖家在上缴国税局5美元的税收后，只剩下了10美元。此时供给曲线会发生什么变化呢？因为供给者的供给取决于缴税之后实际保留的金额，所以在缴税之后，同一价格下的供给量会减少。如图5-1所示，供给曲线向左移动（此时需求曲线没有变化，因为消费者仅关心他们实际支付的价格），市场达到了新的均衡，出现了更高的价格。不幸的是，此时商品生产和销售的数量也减少了。

图 5-1 税收的影响

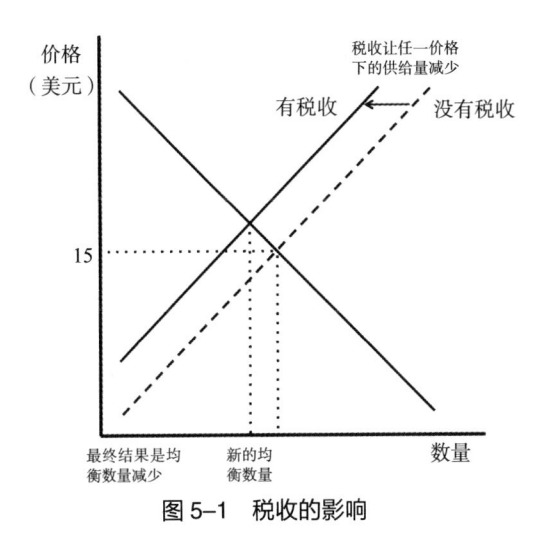

这不再是所有可能的世界中最好的情形。在没有税收的情况下，供给曲线和需求曲线之间的整个区域就是"社会福利"（请回顾图 2-5）：雪铲生产成本和其对于消费者的价值之间的差值。在图 5-2 中，我们可以看到税收的影响。消费者剩余是雪铲带来的价值（需求曲线）和消费者支付的价格（包括税收）之间的差值。生产者剩余是缴税之后生产者得到的金额和雪铲生产成本（初始的供给曲线，用虚线表示）之间的差值。这中间的矩形就是政府的利润：单位税额（矩形的高）乘以雪铲的销售量（矩形的宽）。最后，阴影三角形代表被损耗的价值。这一价值源自如下事实：企业本可以用比消费者愿意为雪铲支付的价格更低的价格来进行生产和销售，从而让双方的情况变得更好；然而，在有税收的情况下，这些交易将不会发生，

第五章 激励即一切

被生产出来的雪铲数量变少了。由于这个论点适用于任何市场,因此对任何事物征税都会导致经济体的生产数量减少。[①]

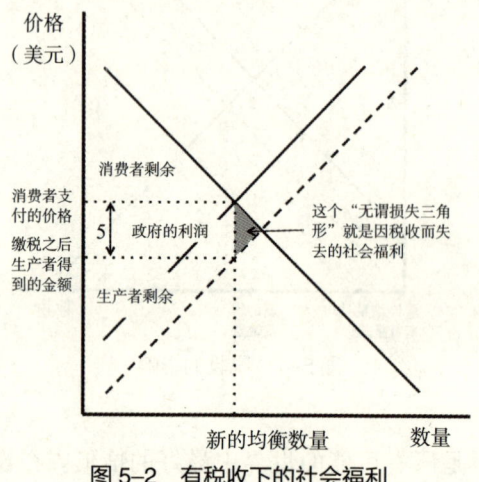

图 5-2 有税收下的社会福利

这个令人沮丧的小三角形就是"无谓损失三角形",它是经济学原理课中常见的图形之一。许久之后,学生们可能忘记了教授的名字或者完全竞争市场背后的假设,但他们仍会记得这个三角形及其蕴含的道理:税收是不好的。诚然,大多数教科书承认政府必须通过某种方式获得资助,这对维持市场体系是必要的(为警察、法院和国防提供最低限度的支出)。它们也承认税收偶尔可以纠正市场失灵,例如,让人们为汽油、天然气和电多支付一点儿钱可以阻止他们燃烧太多的化石燃料。

---

① 从技术层面讲,只有消费者不能转移到另一个邻近的、免税的市场时,这一无谓损失才会发生。但经济学家和税收专家通常会遗忘这一点。

但最重要的道理依旧是，尽可能地避免税收。

劳动力市场尤其如此。工资是工人出售劳动力获得的收入；供给曲线代表在不同的工资水平下有多少人愿意工作。无论工资有多少，所得税都会让你最终得到的收入、你可以购买的商品和服务减少，从而让你额外工作一个小时得到的效用减少；相比之下，一个小时的闲暇会变得更有吸引力。平均而言，人们会选择减少工作时间，而用更多时间休息（或者直接退休）。① 换言之，所得税使得劳动力市场的供给曲线向左移，如此将减少经济体中的产量。工人和不复存在的企业（工作）之间形成了一个无谓损失三角形。更多的人将失业，而每个人能够消费的服务和产品也会变得更少。

反税收团体

高税收阻碍人们工作，因此使整个社会变得糟糕。这可能是经济学中最根深蒂固的信条之一。这个论点是过去40年反税收运动的主题，而该运动正在不断增强对美国政治生态的影响。在20世纪40年代，亨利·黑兹利特写道："（收入）税不可避免地影响了纳税人的动机和行为……人们开始问自己为什

---

① 有些人会工作得更多，特别是更低的实际工资意味着为了维持生计需要更长时间的工作。然而，关于劳动力市场激励标准的道理往往会强调：如果工作收入变少，工作就更不具有吸引力。

么要为政府一年工作6个月、8个月或者10个月，而只为自己和家人工作6个月、4个月或者2个月。"面对高税收，弗里德曼在《资本主义与自由》中感叹道："如果现存税率是完全有效的（即如果人们实际支付了法律规定的税率），那么对激励的影响可能会严重到导致社会生产力急剧下降的地步。"祖德·万尼斯基在20世纪70年代再次向大众推介经济学原理时，将税收描述为雇主和雇员之间的"楔子"，并认为税收会使工作相对于闲暇更具有吸引力，能增加劳动的供给和总产出。最近，知名经济学教科书的作者格里高利·曼昆解释说，他经常因为税收而回绝了挣钱的机会。他指出，高收入人群会"对激励做出反应"，因此当他们面临更高的税率时，他们的服务供给将会减少。霍尔曼·詹金斯在《华尔街日报》中准确地总结了政府的路线："美国的福利取决于我们允许本国公民进行工作、储蓄、投资和创业的激励措施。"[3]

政治家们已经学会了这个原理。当2011年奥巴马总统提出巴菲特规则时，众议院议长约翰·博纳回应说："税收增加损害了就业机会。"当时的白宫预算委员会主席保罗·瑞安重申了一个经济学原理的核心原则："你对某物征税越多，你能得到它的数量就越少。"最近，瑞安再次以经济学教授的口吻补充道："增长以边际形式出现，这是一个不靠谱的说法。想要更快的经济增长、向上的社会流动性和更快地创造就业机会，全面降低税率是关键。"[4]

在 2016 年总统大选中，每一项减税计划都举着经济高速增长的大旗。参议员迈克·李和马尔科·卢比奥宣布了一项"促进增长"的税收计划，该计划可以降低企业和个人的税率。遗产基金会用典型的经济学原理术语对其进行了赞扬："更低的税率促进了对工作、储蓄、投资和承担企业风险这些经济增长的基本要素的激励。因为低税率会减少由于税收产生的对工作、储蓄、投资和企业的扭曲。"[5] 参议员特德·克鲁兹和兰德·保罗各自提出了单一税计划：对所有家庭实行单一税率。这是弗里德曼在《资本主义与自由》中提出的一个想法。[6] 根据保罗的计划，降低个人和企业税率到 14.5% 将成为"经济的强心剂"，因为"它鼓励工作、储蓄、投资和小企业的建立"。克鲁兹甚至提出更低的税率，提议对所有个人收入统一征收 10% 的税。"单一税率的好处是，税率不会随着人们更多的工作和投资而上升，"他解释道，"这意味着更好的产量激励和更少的扭曲。"《华尔街日报》专栏作家詹姆斯·弗里曼高兴地说："每个认真的共和党候选人都在提出重要的改革措施来提高对工作、储蓄和投资的激励。"这意味着"多年来工作岗位和工资水平方面停滞不前的状况将会终结"。[7]

为工作创造者减税

大企业派系和富人历来偏好更低的税率，这并不令人惊讶。然而，经济原理主义的影响解释了当今减税狂潮之中另外两个不同寻常的特征。第一个是明确强调减少富人的税收负担。仅仅就争取选票而言，中产阶级的利益是最有意义的（并且更能受到大多数民主党人的重视），因为与企业的CEO或者对冲基金亿万富翁相比，中产阶级家庭的数量更多。然而，目前的减税提案有相当大一部分是面向富人群体的。无论是保罗提议的14.5%，克鲁兹主张的10%还是赫尔曼·凯恩建议的9%（来自2012年总统大选的数据），所有单一税率都明显受到如今支付最高税率的人们的欢迎，但这对很多在现有体系下不用支付所得税的家庭来说是没有意义的。由卢比奥、克鲁兹、杰布·布什和特朗普提出的所有计划都承诺，收入最高的1%群体会比其他收入群体从中得到更多的好处（这是就收入百分比而言的，不仅仅是绝对的金钱数量），克鲁兹的税收提案中有惊人的44%的税额减免是面向收入最高的1%人群的。[8]

第二个是这些狂热的政客似乎要减少甚至消除针对投资收入（你坐在家里看着你的资产自己增长）的税收。2010年，保罗·瑞安计划取消所有利息、股息和资本投资的个人收入所得税；在2016年的总统大选中，马尔科·卢比奥和本·卡森都提出了相同的建议。[9] 因为大多数投资都是富人持有的（这也是他们变得更富有的原因），所以这种政策倾向的偏差更多地帮助了富人而非中产阶级，但这似乎再次与政治逻辑相悖。

然而，这两个不同寻常的特征用经济原理主义的教条来看是非常合理的。先考虑对富人进行减税的问题。高税收会降低每个人去工作的积极性。然而，根据经济原理主义的逻辑，这一效应对高收入群体而言尤为显著。首先，因为中低收入者需要更多的钱来生存或者维持现有生活水平，所以他们可能会通过付出更多劳动来应对税收增加的情形；其次，只有富人才有直接退出劳动力市场的选择权。更重要的是，收入最高的人对社会的贡献也最大，请记住，收入等于边际产出。因此在经济学原理课中，富人参与经济尤其重要，因为他们的参与会给其他人带来益处。

黑兹利特在《一课经济学》中警告称，高税收会阻碍人们创业："老雇主不会提供更多的就业机会，或者没有提供他们本该提供的就业数量；而其他人则下不了决心让自己成为老板……长期下来的结果是，消费者无法获得更物美价廉的商品，并且实际工资也被压低了。"在《世界运行之道》中，万尼斯基讲述了一家针线工厂的老板突然面临高额税收的故事："老板原本计划扩大生产，但现在计划减产。他原本打算把工厂留给他的儿子，但他的儿子也不会维持和他一样的工作时间，因为挣得只比熟练工人多一点儿，其他人的儿子也同样不会（维持工作时间）。"这个悲惨故事的结局是工厂倒闭和工人失业。今天，同样的故事也在上演，唯一的变化是故事的主角被称为"工作创造者"。《华尔街日报》的一篇专栏文章批评李－卢比奥的减税计划还没有充分降低最高税率："最高税阶尤为重要，这是因为最高收入者生产最多、创新最多。在低税率的刺激下，他们提高收入的幅度将大于其他人降低收入的幅度。"[10] 换言之，如果税收提高过多，那么史蒂夫·乔布斯和史蒂夫·沃兹尼亚克永远不可能在乔布斯的车库里创造出一台计算机。

关于减少投资税收的观点也直接来自经济学原理课堂。理论上，你可以用金钱做两件事：花掉它或者储蓄它。在商品和服务上花费金钱被称为消费：如果你买了一个三明治，你就会享受吃掉它的过程，但三明治在这个过程中会被消耗殆尽。然而，储蓄金钱意味着它将会被投资在经济体中的其他地方。如果你不吃午餐而是把钱存入了银行，银行就会把它借出去（也许借给一个创立三明治商店的人）。如果你购买了股票或者债券，那么这些钱会（间接地）流入公司，被用来建设新厂房或者研究新药。那些三明治商店、工厂和药品专利都是资本的形式：资产使得企业能够经营和雇用工人。如果我们把所有的钱都花在三明治上而不储蓄，那么用于资本形成的金钱就没有了，经济也不会发展。①

简言之，我们需要人们去储蓄。这其实就意味着，我们需要富人去储蓄，因为他们拥有购买三明治（或者衣服、房屋、其他必需品）之后剩余的金钱。如果投资税收过高，那么

---

① 企业可以定更高的价格，并且将部分利润投资于资本品，根据某位经济学家的理论，这是企业的储蓄。关键在于储蓄是好的。

故事的结局将是，人们不会把钱存在银行或花在股票、私募基金上。取而代之的是，他们会直接用这些钱享受上流阶层的生活。1976年，弗里德曼在解释为什么伦敦街道上随处能见到劳斯莱斯时指出，这是因为富人宁愿购买奢侈品也不愿意把钱存起来并且为收入缴纳高额税收。哈耶克在《自由宪章》中警告称："累进税收对储蓄的供给产生了严重影响。"专栏作家乔治·威尔在半个世纪之后回应了哈耶克的说法："累进税收减少了投资的回报和储蓄的真实回报率，从而促使消费超过储蓄，减少了资本形成。"[11]

这就是为什么经济学家宣称投资税应该尽可能降低。在2005年，美联储主席艾伦·格林斯潘向政府税务改革小组喊话："许多经济学家认为，消费税对促进经济增长是最好的（意味着不对投资征税），……因为消费税更有可能鼓励投资和资本形成。"近年来，以保罗·瑞安为首的众议院预算委员会提出了包含相同思想的预算提议："税收改革应该提高储蓄和投资，因为更多的储蓄和投资意味着可用于创造就业机会的资本存量更多。这意味着就业机会增加，生产力水平提高，以及所有美国工人的工资会增加。"[12]民主党人偶尔也会有类似的论调。例如，在1988年，总统候选人布鲁斯·巴比特鼓吹全国性的消费税政策，因为这可以提高储蓄："与所得税不同，这种税收只作用于我们消费的部分，而非我们储蓄的部分。这可能会鼓励我们储蓄更多，这对我们的家庭和整个经济都有好处。"[13]

简单地说，经济增长的关键在于降低面向高收入人群和投资征收的税率。这是"供给学派"（之所以这样命名，是因为这些政策应该能鼓励更多的人去工作和创业，促进商品和服务的总供给）的核心原则。（经济学导论课上并没有讲授供给学派的主张，但它直接来自经济学原理，特别是税率对劳动力市场和储蓄的影响。）万尼斯基普及了这一原则，它也受到业界的青睐。一个由许多大公司CEO参与的游说团体创立了像商业圆桌会议这样的组织，并借此成功推动了20世纪70年代削减资本利得税的进程。[14]杰克·肯普和里根采用供给学派的思想，这使得美国税收政策发生了持续性的转变。里根在解释1981年的大幅减税政策（即最高税率从70%降低到50%）时说："我们已经大幅重建了（税收体系），以鼓励人们更多地工作、储蓄和投资。"[15]富有的投资者甚至在小布什执政时获得了更大的胜利，成功实现了更低的资本利得税和分红税，以及大幅降低房地产遗产税（对留给继承人的巨额财富进行征税）。而"减税会释放企业创造工作岗位的能量"的想法在今天仍然很流行，因为它为想要迎合那些给政治委员会捐钱的亿万富翁的政客提供了掩护，同时也能让普通百姓放宽心（表面上他们只是关心宏观经济的增长）。这一政策同样为那些偏好更低税收但不承认自己贪婪的有钱人带来了便利。

储蓄、劳动力和经济增长

但上述结论是真的吗？让我们以巴菲特为例。巴菲特通过投资获得了大量财富。他认为：

> 我已经从事投资60年了，我还没有看到任何人因为需要对潜在收益纳税而避开一项明智的投资，即使是在资本投资税率为39.9%的1976年和1977年。人们通过投资来赚钱，而潜在的税收永远不会难倒他们。[16]

表面上，这似乎是显而易见的。如果你可以买到一些东西（一个房子、一只股票、一个公司等），而你认为它们价值200美元，但实际只需支付100美元就能得到时，那么为什么不买呢？更高的税率将会降低你的预期利润，但我们讨论的是那些已经购买了他们想要的东西但仍然手握大量金钱的人。在财富分配的顶端，人们花大量的金钱去投资，是因为实际上他们已经没有其他花钱的地方了。

又或者，在一个更小的范围内，我以自己为例。在2001年，我和5个朋友创建了一个软件公司。在当时，我甚至不知道劳动收入和投资收入的税率是多少。我甚至觉得我的任何一个同事都懒得去检查。我们创办公司只是因为我们想要做这件事，而不是因为税收体系鼓励我们去做。[17]

当然，事情往往不尽如此。如前所述，格里高利·曼昆认为，由于税收的问题，他拒绝了赚钱的机会。和任何经济问题一样，观察真实世界的数据比单纯依靠理论或者个人观点更有价值。首先，我们要质疑对投资收入征税是否真的减少了储蓄，从而抑制了经济增长。纵观历史数据，这似乎不大可能。如图 5-3 所示，过去 70 年来，美国的投资收入税急剧下降，储蓄和经济增长都没有明显的增加。平均而言，经济在 20 世纪 50—60 年代增长最快，但这个时期大部分投资收入税率在 70% 或者更高；而在 21 世纪的前 10 年，尽管税率大幅降低，但经济增长的步伐反而是最慢的。20 世纪 70 年代以来，即使

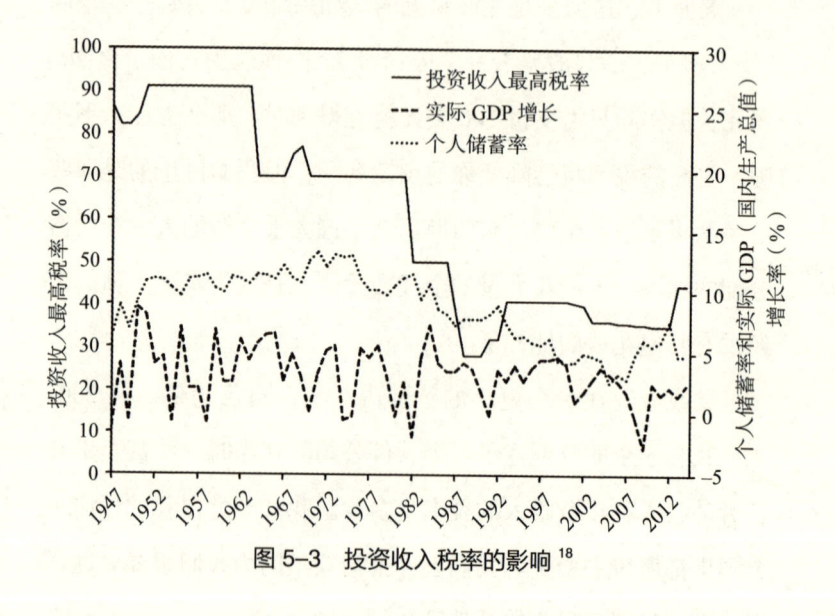

图 5-3 投资收入税率的影响[18]

投资收入税下降，个人储蓄率依旧在稳步下降[①]。

然而，简单地比较不同时期的数值可能会产生误解。这就是为什么经济学家需要同时分析许多变量，以试图分离出税收政策的影响。即便如此，支持降低投资收入税收的证据也异常复杂混乱。美国国会预算办公室认为，"现存的实证研究提供了各式各样让人眼花缭乱的估计结果"。在一篇1978年发表的论文中，经济学家迈克尔·博斯金发现，减税将让投资回报率提高10个百分点（现在若要实现这个结果，我们就需要将税率降低约1/3），进而会使储蓄增加3%~4%。[19] 然而，后来的研究表明这种估计结果在很大程度上取决于复杂的方法论选择。在最近一篇研究综述中，埃里克·托德尔和金·吕本总结道："统计研究发现，几乎没有证据表明储蓄和税后回报之间存在正相关关系。"美国国会研究服务部的一篇研究报告也提出类似说法："对不同时期储蓄率进行的实证研究发现，（税率的）影响很小，影响方向也是不确定的，其主要发展趋势表明二者之间没有什么关系。"[20] 著名税务专家伦纳德·伯曼发现，资本利得税率对储蓄或经济增长几乎没有影响。[21]

根据经济学原理课程，这应该是不可能的：如果人们确实能够获得更多的回报，就会减少消费并且增加投资。但是，有

[①] 图5-3反映了除资本收益之外投资收入的税率（以及2003年后的股息）。使用资本利得税图表说明了同样的道理。除此之外，随着时间的推移，资本利得税率变化逐渐变小。

很多因素能够解释税收对储蓄和资本形成的影响要小于模型的预测。第一，许多人和我一样完全不知道自己面对的税率，因此税率不会影响他们的储蓄决定。第二，更高的投资收入税率可能会使中产家庭储蓄更多，因为现在他们不得不用更多的钱来建立等额的退休储蓄账户。第三，行为经济学家已经揭示了大多数人的金融决策并非取决于涉及收益率的复杂计算，而是基于一些基本规则，比如"对开支之后剩下的部分进行储蓄"或者"拿出我薪水的10%进行储蓄"，这些并不受税率的影响。第四，当谈及富人群体时，很多人似乎都更想尽可能多地积累财富，所以更高的税率可能不会激励他们更少地储蓄、更多地消费。[22]第五，即使降低投资收入税确实增加了个人储蓄，较低的税收收入也使得政府不得不增加借贷的资金量，这将减少私营部门可用的资本。[23]简言之，简单的模型认为较低的投资收入税将增加储蓄和经济增长，但这一论断是经不起认真推敲的。

接下来让我们看看经济原理主义的另一个预测：更低的收入所得税会让人们（尤其是富人）工作更长时间，从而推动经济增长。图5–4实际上说明了与图5–3基本相同的状况：劳动收入的最高税率长期以来一直在下降，但这和整体经济的增长并没有什么关系。与理论相反，让人们保留更多的薪水并不会经常激励他们工作更长时间。正如图5–5所示，中等收入家庭的平均联邦税率正在稳步下降，从1979年的约

19%下降到 2010 年的不足 13%。然而，劳动适龄人口（无论是在职还是在寻找工作）的比例并没有像简单模型预测的那样呈现上升趋势。与此相反，我们只看到 20 世纪 80 年代的温和增长以及随后的平稳状态。或者说，我们应该对具有不同税率的州进行比较，而不是观察不同时期的情况。经济学家威廉·盖尔、阿龙·克鲁普金和金·吕本也发现，各州的税率和就业或经济增长之间没有持续的相关关系，并且对企业开工率的影响也不大。[24] 美国立法交流委员会会定期按照税率（其认为税率越低越好）和公共部门的规模（其认为规模越小越好）对各州进行排名。例如，在堪萨斯州，由于保守派政治家在 2011 年降低了税收，经济和就业增长落后于美国其他地区。[25]

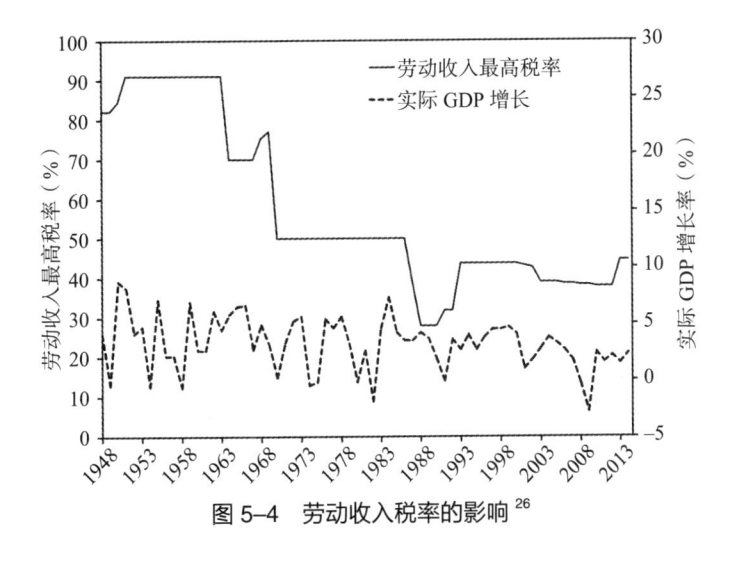

图 5-4 劳动收入税率的影响[26]

图 5-5　税率和劳动力的参与[27]

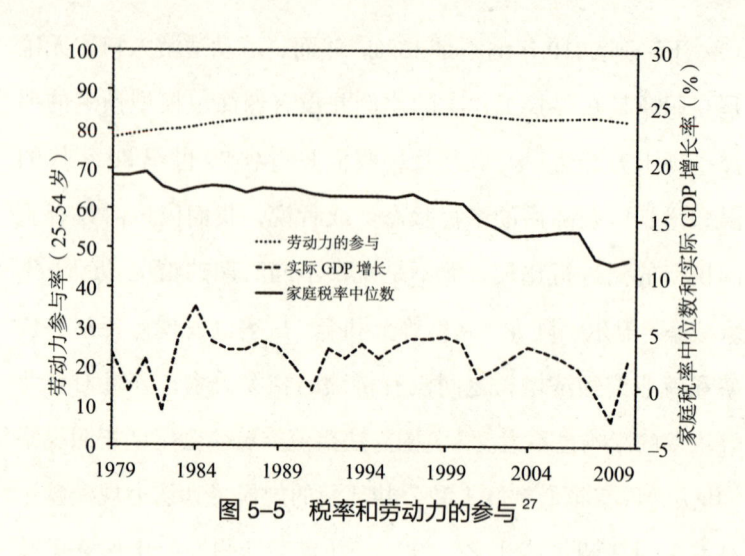

更详细的实证研究表明，税率最多对人们的工作意愿有轻微的影响。经济学家伊曼纽尔·塞斯、乔尔·斯莱姆罗德和塞思·吉尔茨在最近的一篇评论中声称，税率改变对已婚女性的影响更大，对劳动适龄男性的影响"接近于零"。换句话说，男性在任何情况下的工作量基本相同，但是如果税率较低，那么已婚女性更可能会寻找工作。美国国会预算办公室的罗伯特·麦克莱兰和香农·莫克在另一篇评论中估计，如果税率提高了10%，那么劳动力供给量无论如何都会减少0%~3%（对已婚女性而言是1%~4%）。美国国会研究服务部的报告同样认为："实证证据普遍发现，更高的工资对劳动供给的影响较小，并且具有不确定性。"[28]

特别是富人群体（即"工作创造者"）不太可能通过减少

工作的时间来应对更高的税收。罗伯特·莫菲特和马克·威廉研究了1986年削减劳动收入税的税制改革影响，发现高收入男性的实际工作时间没有变化。美国国会预算办公室也发现，几乎没有证据表明富人比中产阶级更可能因为高昂税收而放弃劳动。伯曼甚至给出针对超级富豪群体的结论，"证据表明，他们的劳动力供给对税率并不敏感"。[29]当税率上升时，富人的收入的确减少了，但实际上他们并没有减少工作；取而代之的是，他们努力去避税，例如清点收入会变得更具策略性。[30]经济学家托马斯·亨格福德在总结他的分析时指出：

> 过去65年来，最高边际税率和最高资本利得税的变化与经济增长没有关系。最高法定税率的降低似乎与储蓄、投资和生产率增长无关。最高税率似乎与经济这块"蛋糕"的规模并无关系。[31]

总体而言，最近的经济研究表明，提高税率并不会突然地使CEO和对冲基金经理提前退休，也不会让他们立即开始更加努力地工作。这个结论应该不会太令人吃惊。每年已经获得了数千万美元的人们显然找不到任何理由再去工作，因此他们在劳动和休闲之间的权衡取舍不同于大多数人。也许他们工作只是因为喜欢，或者可能是因为收入和财富是在与他人长期竞争中保持优势的方法，但无论如何，税收和工作在很大程度上都是不相关的。

文明社会的价格

高税收缩小了经济的规模,进而导致分给每个人的"蛋糕"都更小了。这个浅显易懂的理论在现实世界中并没有它在黑板上所表现的那么正确。此外,经济原理主义专注于无谓损失和产出损失,这是由经济学原理课程所培养的短视思维导致的。值得一提的是,它忽视了一个关键问题,即政府可以用钱来做什么。

政府可以做的其中一件事是,通过向某些人征税并向其他人发放现金或提供服务的方式来重新配置资源。"公平"是资源再分配的道德基础:毕竟,大家都同样努力工作并遵守规则,为什么一些人比另一些人多获得了几千倍的钱呢?[①] 当然,资源再分配也有经济学上的理由:再分配可以增加社会的总体效用。

边际效用递减的概念是理解上述问题的关键。这一称谓听起来令人生畏,但其源自一个常识性的认知。人们通常会通过拥有更多的东西(更多的食物、更多的衣服、更多的玩具)来

---

① 这种观点通常出现在大一的经济学课程中,用来解释效率(将资源分配到最具生产力的用途上)和公平(推动实现符合人们公平观念的结果)之间的对立关系,但很快就被弃之不用,因为它不适用于简单的图表和方程式。

获得效用，至少大多数人会这样做。但是你拥有的某种东西越多，你额外获得这种东西的效用就会越少。例如，一个从1 000平方英尺①的房子搬到2 000平方英尺的房子的家庭，从增加空间中获得了巨大的效用，而住在一个20 000平方英尺豪宅中的另一个家庭对多出1 000平方英尺的空间可能会不以为意。同样地，相比巴菲特，一个以最低工资工作的母亲会更看重100美元。当你获得额外的某件东西时，每额外增加的一单位会让你的总效用的增加幅度呈现一个递减趋势。这个概念适用于大多数情况（想想连续吃5块比萨的情况），尤其适用于分析整体财富：你的净财富从100万美元增加到110万美元将不会像从0美元增加到10万美元那样具有重要意义。

虽然边际效用递减理论可能出现在大学一年级经济学课程中（它解释了消费者如何在不同商品之间做出决策），但在税收政策方面，经济原理主义的追随者往往会忘记它。富人群体既然无法从额外的一美元中获得多少效用，那么他们就应该多缴纳税收，而普通家庭也能因此缴纳更少的税收（或者获得其他政府福利）。考虑到抑制获利动机（典型的经济学原理论证）和收入边际效用递减，经济学家彼得·戴蒙德和伊曼纽尔·塞斯认为，对富豪征收的最优税率是73%，这远高于美国或者其他任何地区的现有水平。[32] 换句话说，通过大力提高最高税

---

① 1平方英尺≈0.09平方米。——编者注

率，政府可以增加税收收入，进而改善普通人的生活状况，增加社会的总体效用。在这种情况下，再分配的好处远远超过了提高富人税收而形成的无谓损失。

再分配不是政府使用税收收入的唯一方式，政府还可以把钱花在一般的社会服务上。简化的经济学原理模型假设公共支出既不创造价值，也不破坏价值。（在图5-2中，税收矩形代表的是以税收形式从私营部门转出的资金，但这不是社会的损失，因为政府在理论上会提供与之等价的服务。）然而，在现实世界中，政府项目的提案很少是收支相抵的。资金可能被挪去修筑无意义的桥、补贴那些本不应该存在的公司，或者用于战争以及其他事务。毫无疑问，美国政府可能被诱导利用自身的资源和权力为特殊的利益群体服务；我与西蒙·约翰逊合著的《13个银行家》讲述了此类故事的其中一个版本。[33]

基于经济学原理的定义，许多评论家进而声称所有的政府支出都是一种浪费。[34]然而，也有一些公共项目创造了私营部门自身无法复制的价值，有关互联网的基础研究就是一个例子。一些政府服务甚至得到了那些奠定经济原理主义基石的著名经济学家的支持。例如，哈耶克希望国家承担货币体系、度量系统、测量和土地登记、道路建设乃至卫生和健康服务的责任。弗里德曼也表示赞同：

> 一个维护法律和秩序、界定产权的政府，可以成为我

们修改产权或者其他经济博弈规则的工具。裁决有关规则解释的争议，强制执行合同，促进竞争，提供货币体系框架，从事反对技术垄断和解决邻近效应（外部性）的活动，被广泛认为足以证明政府干预的合理性。政府同样保护了私人慈善组织和私人家庭免受不负责任的人侵犯，无论是疯子还是孩子。[35]

这些重要服务中显然有许多比支付这些服务所需的税款更有价值：没有法律和秩序、产权、合同，竞争和货币体系，经济体中的很多环节就无法启动。当然，即便最终每个人都认定某些政府职能根本不匹配它们所需要的成本，现实中也无法简单界定出哪些是破坏价值的服务，哪些是创造价值的服务。尽管如此，一旦我们承认政府支出是必要的，我们就不能像许多评论家和政治家所做的那样，仅仅以无谓损失三角形的缘由来为减税辩护。我们必须将税收可能造成的任何经济损失和通过民主程序选择与控制的中央计划项目的好处进行比较。这需要基于大量复杂事实的分析，而不是经济原理主义以偏概全的声明。

这一切看上去都是合情合理的。税收是我们以民主的方式进行自我组织所付出的成本，这样人们就不再是一群乌合之众。"我喜欢纳税，"美国最高法院大法官小奥利弗·温德尔·霍姆斯说，"通过它，我'买到了'文明社会。"[36] 政府只是一种机制，我们可以通过它把社会中的某些方面组织起来，而我们并不相信私营部门能够有效地完成这些职能。因此，税收是否值得的问题取决于我们对政府职能的期望以及政府如何发挥好它的职能。

然而，正如经济学原理课程所教导的，市场是由个人和企业组成的，而税收是人为施加给市场的负担，这也是形成社会福利无谓损失的根源。由于税收会削减工作与储蓄的激励，从而不鼓励富人创办公司，这将使得市场商业活动缺乏它们所需的资本。类似的言辞在反对通过提高富人税收来帮助普通家庭并缩小收入差距的意识形态中居于首要位置。但是，经济学原理并不仅仅是为了维护现状。在经济原理主义的影响下，减税政策（特别是在小布什总统在任时于2001年和2003年通过的政策）成了对收入分配顶端的人群最为慷慨的政策，这加剧了不平等的程度。[37]通过减少税收、增加预算赤字，里根和小布什的减税政策都限制了联邦政府回应普通民众需求的能力，并带来了不断增加的政治压力，限制了诸如社会保障、医疗保险以及医药补助等公共项目的开展。从20世纪30年代罗斯福新政开始，美国社会普遍的共识是构建一张适度的社会安全网，以使劳动人口免受资本主义经济创造的不平等的影响。但是，在新一轮的减税之后，美国政府已经没有什么剩余的钱来修补这张千疮百孔的安全网了，这使得贫困者不得不靠自己的力量去应对这个日趋不平等的社会。

第六章

最睿智的消费者

> 当使用者认为药品是"免费"物品时,药品的需求量是没有限制的……不可避免的是,消息灵通的人、有时间的疑似病例患者,以及那些只是执意要获得这些药品的人会得到过多的份额。
>
> ——米尔顿·弗里德曼,1975 年[1]

美国饱受医疗保健问题的困扰。在 2014 年，医疗方面的全部支出超过了整体经济的 1/6——人均超过 9 500 美元。以美元计价，这是发达国家平均值的两倍。[2] 然而，我们并没有得到特别好的医疗保健。根据大多数医疗质量的衡量标准，美国处于中间位置。我们也没有变得更加健康。美国人的预期寿命为 78.8 岁，比经济合作与发展组织（即一个包含世界上发达经济体和智利、墨西哥、土耳其等发展中国家的组织）成员国居民的平均寿命少 1.7 岁。在英联邦基金最近对 11 个发达国家做出的评估中，美国在整体健康成果方面垫底，并在医疗护理的机会不均等程度上高于所有其他国家。[3] 最富有的 1% 的美国人的预期寿命比最贫困的 1% 的预期寿命多 10~15 岁——自 21 世纪初以来，这个差距一直在拉大。[4] 我们为什么花费这么多钱却收获了如此惨淡和不平等的结果呢？

过多的免费品

如果你学过一点儿经济学，那么答案是显然的：美国人没有为医疗保障花费足够的钱。政客们可能会感叹于千万人没有医疗保险的事实，但是真正的问题在于我们买了很多错误的保险。有了保险，当你决定看医生、做检查、接受手术、填写处方、购买医疗设备或住院时，你就不用支付全部的医疗费用。基于你的医保方案和你访问的服务提供商，你可能不需要支付任何费用，或者为每项服务支付 30 美元的共同付费，或者支付相当于价格的 20% 的"共同保险"，或者付全款直到 1 000 美元这个年度免赔额的水平，等等。结果，大多数人不知道他们医疗保健的全部成本。他们实际上也不关心，因为他们通常只需要支付其中一小部分费用。

在经济学原理课中，保险增加了医疗保健的需求。假设你支付了就医账单的 20%，而你的保险公司支付了剩余的 80%。这意味着 100 美元的就医账单中，你只需要支付 20 美元。你找医生看病的需求取决于 20 美元的净价格，因此你的消费比原本实际支付 100 美元时更多。每个人都按照这种方式行事，所以需求曲线向右移动（见图 6–1），医疗保健的价格上升、数量增加（见图 6–2）。

由于保险表面上降低了医疗保健成本，人们最终消费的服务价值低于他们交付的成本。假设你感觉身体有些不舒服，看

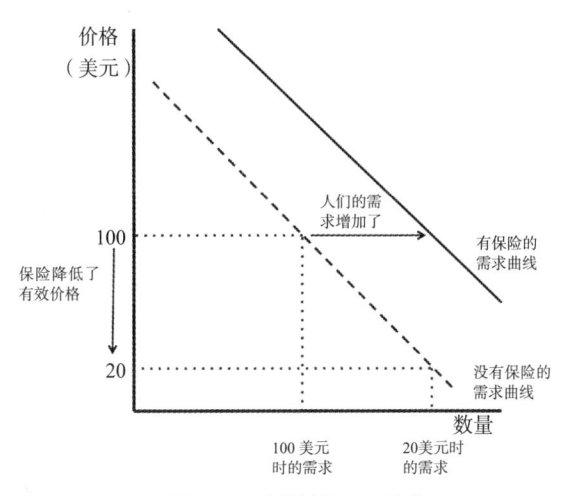

图 6-1 保险增加了需求

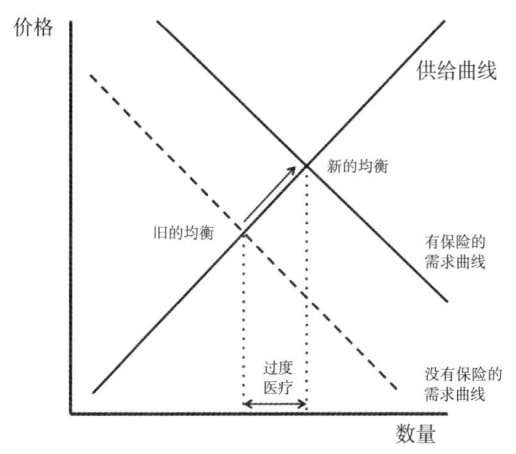

图 6-2 保险让价格上升，数量增加

医生对你而言值 30 美元[①]，你却只需要支付 20 美元，所以你

---

① 这似乎有点儿不现实，但经济学原理课假设你可以估计出看医生的美元价值。

去了。总费用仍然是100美元，只不过保险公司最终支付了80美元的费用——这部分费用最终由保险的全部投保人以保费的形式承担。这项合约的社会净福利是消极的，因为它的成本超过了给消费者带来的价值。假设这个例子适用于所有买了保险的人，那么经济最终将在高价位上供给过多的医疗保健服务（如图6–2，太多不必要的检查、太多价值可疑的手术等）。以上是根据经济原理主义推断出的美国医疗保健系统存在的问题。

如果问题是需求过大，教科书上的解决方案就是人们应该承担更多的他们消费所产生的真实花费。这些花费不能再以保费的形式（即无论你状况如何，每个月都要支付费用）共享。取而代之的是，你每次决定去看医生、填写处方或者做磁共振检查时，你都应当负担成本。按照这种方式，只有当这些服务对你的价值超过它们需要你付出的成本时，你才会去购买服务。如果你不得不支付100美元去看医生，那么只有在去看医生这件事确实价值100美元时，你才会去。毕竟经济的其他环节是这样运行的：苹果公司生产的iPad（苹果平板电脑）的数量恰到好处，是因为只有人们觉得iPad给他们带来的价值超过499美元时，他们才会购买。如果人们只需支付20美元（或者更少，取决于你的医保方案）就能买到医生的服务，医生就需要处理过多的预约（以及手术和检查）。让人们充分了解医疗保健的全部边际成本，将不仅有助于解决医疗保险过度消费的问题，也有助于激励不同服务商之间的竞争，即只能通过降低成本或为客户提供更多价值来提高利润。按照路德维希·冯·米塞斯在《官僚主义》中的说法，消费者主权将确保医疗保健部门作为一个整体尽可能有效地提供消费者偏好的服务。[5]让人们对自己的选择负责，这将会使整个社会变得更美好。

消费者驱动的乌托邦

因此，经济原理主义偏好的解决方法是将竞争性市场模型应用于医疗保健。正如经济学家约翰·科根、格伦·哈伯德（小布什政府经济顾问委员会主席）和丹尼尔·凯斯勒在2004年《华尔街日报》的一篇文章中明确断言的那样："自由市场被证明是管理成本、激励创新和增加产出的有效方式。修复医疗保险体系的出发点是重新认识到现有的一些公共政策阻止和改变了市场的运作。"[6]经济原理主义乌托邦以消费者驱动型医疗保健的名义运行：在这种体系中，消费者如同挑剔的购物者，因为他们承担了决策的成本，并且消费者的决策激励企业提供低价且优质的服务。

让人们认识到其医疗保健实际成本的最简单办法是完全消除保险。但是如果保险完全消除，那么很多被诊断患有严重疾病的人将无法负担合适的治疗。大多数政策提议采取一种不那么极端的形式，授权人们采取更大程度的成本分摊，这种医保方案需要人们自己承担医疗支出。成本分摊可以采用共同付费（每单位服务的固定费用）、共同保险（占总价的百分比）或者年度免赔额（参与者在获得任何收益之前必须支付的金额）的形式。以消费者为导向的医疗保健倡导者特别倾向于"高免赔额"方案。该方案要求人们在完全承保之前自付10 000美元。正如科根、哈伯德和凯斯勒所说的："更高的共付额将会给予消费者更多风险共担，使他们更加注重成本，并且更愿意控制医疗保健方面的决策。"

在其他条件相同的情况下，人们往往不喜欢分摊成本。但是，根据经济学原理，保险公司之间更激烈的竞争将使市场转向这些消费者驱动型方案。在竞争性市场中，人们（或者为雇员提供医疗保险的公司）将在保险公司之间进行挑选，以寻找到最便宜并且可接受的方案。因为从理论上讲，要求分摊更多成本的方案将会把保单持有人变成更加聪明的消费者，他们会减少不必要的消费，以支付更低的保险费用。因此，个人和雇主将选择高免赔额和其他消费者驱动型的保险方案。最后，医疗保健市场将更像教科书中的市场，消费者只会购买他们想要的东西，以确保物有所值，从而鼓励服务提供商之间的良性竞争。

在过去的25年中，消费者选择和市场竞争一直是医疗保健政策争议的核心话题。正如遗产基金会的斯图尔特·巴特勒在1993年所说："如果人们没有体验到某物（或者是服务和收益)的实际成本,他们往往就会希望获得更多。"然而,医疗保健系统应该建立在"市场经济要素(即消费者选择、市场竞争、私营合约和市场价格)"的基础之上。大型保险公司信诺的 CEO 在推广消费者驱动型的医疗保健方案时说:"将医疗护理的消费与成本分开,在管理式医疗(一种成本分摊很少的系统,其医疗服务由医疗保健机构限制)中起不到什么作用。人们不会在乎花费了什么。"[7]

"选择"和"竞争"已经成为政治上两大阵营共同的咒语。在 1992 年的竞选活动中,克林顿采用了管理竞争的概念。这一概念被行业贸易组织描述为"私营部门对卫生系统进行改革的方法,利用市场和知情消费者选择的力量来实现更好的赔付率,同时改善质量并削减成本"。[8]克林顿方案的基本精神是允许个人在地区合作社提供的具有竞争性的保险方案中进行选择,这取代了几十年来民主党倡导的以联邦老年医疗保险为代表的全民保险模式。然而,对一些共和党人和民主党人来说,克林顿方案仍然掺杂了太多的政府强制、规章制度和官僚主义。在政界人士、行业团体和广播名嘴的攻击下,该方案还未开启投票程序就胎死腹中。

克林顿的继任者小布什提出了带健康储蓄账户(可用于支付实际开销的免税账户)的高免赔额方案,因为"赋权给消费者对于提高价值和可负担能力至关重要"。在他的理想体系中,"竞争和市场势力……将有助于提高医疗保健的质量和效率，减少健康护理成本的增长"。正如医保贸易集团负责人梅里尔·马修斯所解释的那样："消费者驱动运行所做的，就是在某种程度上打破（医疗保险和其真实成本之间的）隔断，并激励人们去询问'我从哪里获得我支付的价值'。"[9] 在小布什总统的鼓吹之下，高免赔额方案在保险公司和雇主之中越来越受到欢迎。2006年，只有4%的工人参与了高免赔额方案；到2015年，这个数值增加到了24%。自2006年以来，在所有医保方案的类型中，高免赔额平均增长了一倍多。[10]

当奥巴马在2008年当选总统时，他决心扩大医保覆盖范围，同时避免克林顿政府的失误。他签署的立法成果是2010年的《患者保护与平价医疗法案》，更为人所知的名称是"奥巴马医改"。这是在政治上相对于克林顿方案更加右倾的一揽子改革，与2006年马萨诸塞州州长米特·罗姆尼推出的方案类似。（当时遗产基金会对马萨诸塞州的"消费者驱动型市场"表示称赞，因为它增加了选择，刺激竞争并降低了成本。[11]）奥巴马医改要求人们从雇主那里获得健康保险，或者在交易所中购买，这样私人保险公司就需要争夺消费者。通过让保险买卖双方参与规范、透明的交易，该系统试图利用市场的力量使每个人的福利都变得更好。

奥巴马总统尝试在他的医保方案中体现选择性原则和竞争性原则。然而，据奥巴马的对手说，这个法案并没有得到彻底贯彻，或者奥巴马根本就是在撒谎。自2010年3月该法案通过以来,共和党政客和保守派团体一直在努力废除它(偶尔也有部分民主党人支持,他们只是反对法案中的某些具体条文)。在提出奥巴马医改的替代方案时,反对者们通常首先假定医疗保健和保险市场将按照经济学原理的模型运行。根据遗产基金会专家的观点,"个体消费者在决定如何花钱时,无论是直接用于医疗保健还是间接通过他们的保险选择,这些激励措施都将与整个系统保持一致,从而产生更多的价值。换言之,用更少的成本获得更多的产出"。这种逻辑完全是建立在市场运行的假设基础上的:"在正常的市场中,消费者通过他们对产品和服务的选择来驱动这个体系的运行……与之相对应,产品和服务的供给者基于价格、质量和功能彼此互相竞争,以迎合消费者的需求和偏好,并为消费者带来更具价值的产品。"现供职于政策创新研究所的梅里尔·马修斯认为:"美国人在医疗保健方面花费太多的主要原因是综合医疗保险使人们感受不到护理成本的影响。"因此我们需要高免赔额方案来给人们"一个成为医保市场中有成本-收益意识的消费者的理由"。胡佛研究所和美国企业研究所的研究人员表示,不同于奥巴马医改,"我们需要的是一个可靠的计划,以全面地把联邦政策重新导向市场以及消费者和患者们的偏好"。[12]

该计划不仅包括废除奥巴马医改,还要根据经济学原理重新改写医保方案。自 2010 年以来,共和党人一直在推动由保罗·瑞安首次提出的将医疗保险转化为代金券的方案：老年人不再被统一的政府计划无差别地覆盖，而是可以获得一张代金券，用于从竞争性市场中的私营公司购买保险。"让患者负责其医疗花费将迫使医疗服务提供者在价格和质量上相互竞争，"该提案预测，"这就是市场的运作方式：顾客是价值的最终保证者。"[13]

市场的说辞已经被媒体和政治阶层采用并放大。例如，《华尔街日报》的专栏文章经常颂扬消费者驱动型的医保方案。一位 CEO 和一名曼哈顿研究院的研究员写道：

> 随着数百万美国人加入高免赔额方案，他们将改变自身的行为——市场激励也要改变……医疗服务提供者将不得不以质量、价格和服务为基础来赢得业务，这与美国其他 4/5 经济中的公司所做的事一样。竞争很有可能使美国僵化、使高昂的医保体系转变为更加透明和可负担的体系。

另一位保守派智库的负责人称，如果将医疗保险转化为代金券，"保险公司就将为受益人的业务展开竞争，医疗服务提供者将不得不为获得最受欢迎的保险方案而竞争。结果将会出现更低的价格和更高质量的医疗服务"。[14]

在 2016 年的总统选举中，所有的共和党候选人不仅保证会废除奥巴马医改，而且大多数都赞成市场力量和消费者选择的原则。马尔科·卢比奥承诺实现"现代化的、以消费者为中心的改革,降低成本,支持医保创新,切实增加选择和提高护理服务的质量",包括"以消费者为中心的产品,例如健康储蓄账户"。卢比奥、特德·克鲁兹和兰德·保罗都签订了"美国契约",这是由自由工作(美国著名右翼政治团体)、美国税制改革协会以及其他保守派政治团体发起的,旨在呼吁"通过实现竞争性、开放性和透明性的自由市场医疗保健和健康保险体系的方式,以一个实际上老百姓更有能力负担的医保系统取代奥巴马医改计划"。里克·桑托勒姆承诺要扩大医疗储蓄账户:"给病人和医生,而不是华盛顿的官僚们,更多的自由和对医疗保健的自我决定权。"即使特朗普[①]此前支持全面医疗保险制度,他也接受了竞争和选择的方案:"我们仍然需要一个降低医疗成本的计划,并为每个人提供更能负担得起的医疗保险。它来自保险公司日益激烈的竞争。竞争使一切变得更好、更实惠。"[15]

坏的选择

上面这些观点似乎很有说服力。医保系统当然应该像其他任何市场一样运转,所以人们应当支付护理项目的所有费用,

---

① 在竞选中,特朗普公开支持共和党基于"自由市场原则"的医保方案细目清单,其中包括增加保险市场的竞争、建立健康储蓄账户和个人保险费用抵扣。

以确保自己做出明确的决定。然而，从本质上说，医保系统不同于其他任何市场（我们先不考虑任何市场是否按照经济学原理假设的那样运行）。这是经济学家在几十年内已经了解的事实。

肯尼思·阿罗是现代经济学中一位里程碑式的人物。他在1963年写了一篇权威论文，来解释为什么医保系统和教科书中的市场不一样。他强调，最明显的不同是，我们不会经常性地产生医疗成本。实际上，我们几乎不需要大多数形式的医疗保健。然而，一旦我们需要，情况就会非常严重。由于收入损失或者生活质量的下降，疾病本身就要付出极高的代价，这甚至比高昂的医疗花费还要可怕。因为我们不是医疗保健的固定消费者，所以我们缺乏做一个聪明消费者的知识和经验。如果你被诊断出患有严重的疾病，那么你可能必须从之前对你来说还是毫无意义的各种治疗中进行选择，同时面对着医疗结果的巨大的不确定性。[16] 你不能依赖于朋友的建议，因为许多医疗情况是因人而异的，即使从类似疾病中恢复过来的人也不可能确切知道你的病理。如果你自行对不同的治疗方法和提供者进行研究，那么你将很难找到有用的信息。正如医疗保健经济学家尤韦·莱因哈特所描述的那样："缺乏消费者可获得的医疗质量和价格的可靠信息是十分常见的……这很容易使他们成为混乱市场中被蒙蔽的消费者。"[17] 这些都是人们倾向于将自己交给医生而非试图让自己成为专家的原因，同时也是在医疗领域中很少见到消费者在知情前提下选择的原因。[18]

现实中人们无法做出好的医疗决策，这是以消费者为导向的医保系统的"阿喀琉斯之踵"。著名的兰德健康保险实验密切跟踪了20世纪70年代和20世纪80年代初的3 000个家庭，结果发现较高水平的成本分摊"总体上降低了有效的以及不够有效的医疗护理"。如医疗法律教授蒂莫西·约斯特所总结的，多项后续研究证实，"分摊费用可能会减少合适的护理，同时也会减少不当的护理"。最近的一份研究报告显示，高免赔额方案也是如此：当一家公司将上万名员工从传统的PPO（优选医疗机构保险）方案转变为高免赔额方案时，员工削减了那些昂贵却又无用的医疗服务，但没有证据显示他们追求更低的服务价格。[19] 换句话说，较高的成本分摊确实使人们在短期内购买较少的医疗，但没有使他们从自己付出的钱中获得更好的价值。用医疗保健经济学家梅雷迪思·罗森塔尔的话来说，"'消费者成本分摊'可以节约资金，但我们有强有力的证据证明，当面临高昂的自付费用时，消费者做出的选择从健康方面来看并不符合他们的最佳利益"。[20] 虽然人们可能会在目前的保险方案下为医疗保健支付过多，但高免赔额方案带来了不同的风险：人们将不会购买足够的医疗，或者不会购买正确类型的医疗，从而损害了自己的利益。

从长期来看，结果是更糟糕的健康状况和更高的总成本。特别是当人们通过减少对慢性疾病的预防性护理或药物的消费来节约资金时，结果更是如此。在约斯特的实证研究中，他坚定地认为："成本分摊的增加会对健康产生不利影响。"一项研究发现，当人们转移到高免赔额方案时，他们主要的反应是减少慢性处方药的消费，即使在处方药从免赔额中免除的时候（即在参保人达到免赔额前，保险可以覆盖药物支出），情况也是如此。这表明人们并不是消费者驱动型医疗保健所希望的理性收益最大化者。[21] 在某些情况下，要求人们为医疗服务付出更多的报酬会导致他们忽略有价值的服务和治疗。更高的成本分摊导致贫困家庭忽略哮喘的孩子就诊的可能性提高了数倍，并且它与儿童哮喘发病频率变高也有关。正如预期的那样，当加州的退休公务员面临更高的共同付费时，他们减少了办公室就诊和处方药的使用，但医院就诊率上升了。尤其是在病情严重的病患群体中，这种现象更是突出。[22] 这意味着，完全由消费者驱动的健康护理可能无法降低总成本。

在经济学原理课的模型中，金融激励将人们变成睿智的消费者，但现实世界并非如此。对米塞斯和哈耶克来说，社会组织最重要的财富就是价格体系，它协调了成千上万人的活动，为大多数人提供了最有价值的商品和服务。但正如阿罗所说，在医疗保健市场上，"我们常常谈论价格体系，但这个价格体系不是我们所能拥有的。我们面对的市场系统是，一个买家可能需要支付10倍的费用，即使所购买的医疗设备或服务与其他买家所购买的没什么不同。因此，从最根本的层面来说，

'价格体系乃效率之源'的观点是错误的"。[23]

失灵的市场

医疗保健需求难以预测且潜在成本高昂,这意味着人们希望为自己投保,以应对不时之需。因此,医疗保健市场离不开健康保险市场。但是,正如阿罗解释的那样,保险市场自身也存在着严重的缺陷,"很多风险没有被覆盖,事实上风险覆盖服务的市场发展缓慢或者根本不存在"。[24]

私人医疗保险市场存在着几乎致命的缺陷。任何一家保险公司的目标都是预测某个特定的人在下一年的索赔金额是多少,并收取超过预期成本的溢价。病情越严重,价格越高。这在经济学中被称为"价格歧视"。在竞争性市场中,保险公司可以通过查看你的医疗记录、基因数据、购买模式和网络搜索记录来更好地计算出你可能花费的成本,这样他们就可以向你收取适当的价格。但如果某人可能需要 5 万美元的医疗保险,那么从保险公司的立场来看,合适的定价就是超过 5 万美元,显然这是大多数人无法负担的。如果你患有慢性疾病,或者你的祖父母患有花费高昂的遗传性疾病,或者你的年纪已大,那么"真正"的价格可能很轻易地超过你的预算。[25]

在竞争性市场中,对于每个人,保险公司都设定了一个能够盈利的价格,贫困者和病人将不会被任何保险覆盖。通常情况下，我们认为竞争性市场可以使社会福利最大化：请记住，如果人们可以得到超过他们支付能力的东西，那么整个经济体对它的生产就会过量。但是对医疗保险来说不一定是这样，医疗保险使人们能够负担起对他们和社会都有重大价值的医疗服务。如果一个人自己无法支付需要进行的心脏移植手术的费用，而他的保单可以支付，这就不是过度消费的例子。这对社会是有好处的，特别是当他能够在未来的几十年里继续高效工作时，这一结论更是毋庸置疑。医疗保健经济学家约翰·尼曼总结道：

> 因为比起在支付溢价并维持健康时损失的收入，人们更加重视在生病时从保险中获得的额外收入，并且因为理论上每个人都有相同的生病概率，所以这种全国性的收入再分配对疾病是有效的，同时也增加了社会福利。[26]

如果能支付得起保险的人越来越少，社会就会变得越来越糟糕。大多数人不愿意承认贫困者不应该有医疗保险，所以人们提出了各种各样完善保险市场的想法。防止个人被市场定价的一种方法是禁止价格歧视。例如，奥巴马医改限制了保险公司依据个人的医疗状况设定价格的能力。[27] 如果每个人都支付同样的价格，逆向选择问题就会出现：保险对于身体健康的人没有吸引力（他们被索要的价格"过高"），因此他们拒绝为保单付钱，仍留在保险市场中的人的保费会提高，这将导致病情较轻的人群中保险覆盖率下降，从而进一步推高保费。因此，禁止价格歧视创造了对奥巴马医改方案中强制保险的需求。迫使每个人购买保险，可以让健康的人来补贴病人。即便如此，保险成本对贫困家庭而言仍然过高。请记住，每年医疗保健的人均支出超过 9 500 美元，而拿着最低工资的人一年只能挣大约 15 000 美元。对于有工作但负担不起保险的贫困者，社会确实需要来自更富裕家庭的再分配，例如奥巴马医改对低收入家庭的补贴。最后，如果每个人支付大致相同的价格，私立保险公司就有"挑选"的动力——吸引身体健康的人，同时阻止病人申请。为了使系统发挥作用，奥巴马医改中包括了复杂的风险调整机制，它能够根据病人的情况在保险公司之间转移资金。

在普通的市场中，消耗最多服务的人一定也支付了最多的费用，但是这一原则在医疗市场中会产生与道德相悖的结果。因此，在现实世界中，我们必须通过限制保险公司获取最大利润的能力、防止个人退出保险系统等法规来管理市场。所有这些规制的要点，是将医疗保险的保费与承保该保单的实际成本分开，以便贫困者和病人可以购买保险，而这在教科书里所讲述的市场中通常是不可能的。这就是我们最终得到的基本可以接受的医疗保险系统。在这个系统中，大多数人以相对能负担得起的价格获得医疗保险的覆盖。

然而，成本分摊强化了人们使用的医疗保健数量与支付金额之间的联系。实际上，对消费者导向方案的提议者来说，这正是关键。与其他类型的保险相比，具有高成本分摊水平的方案将病人口袋中的钱转移给健康的、每月能从较低保费中获利的人。过去10年间，成本分摊的增加对低收入家庭和中等收入家庭产生了可预测的影响。现在大约1/5有私人医保的人在支付医疗费用方面困难重重。对于这个群体中的大多数人，问题不在于那些"邪恶"的保险公司拒绝赔付，而仅仅是它们的保险政策要求客户为医疗保健付出巨大的代价。毫无意外的是，享有高免赔额方案的人比参与其他方案的人更容易受到医疗费用的困扰。[28] 正如经济学家杰里·格林所总结的："这相当于对病人征税。"[29]

你越依赖市场原则，就越需要承担它带来的分配结果。这是消费者驱动型医疗保健的根本问题。如果我们认为医疗应该通过市场来实现，那么高额的成本分摊至少在理论上是有经济学意义的。价格信号可以促使人们做出更明智的选择（不考虑人们是否真的这样做），并且促使服务提供商变得更有效率。但是，如果我们寄希望于由竞争性市场来提供医疗服务，人们就会得到与他们支付能力相应的医疗服务。对那些痴迷于经济学原理的人来说，这是一件好事；我们还有什么其他办法使社会福利最大化呢？然而，对那些有传统道德情感的人来说，这种"富人有机会获得延长寿命的治疗，中产阶级靠工资勉强度日，而贫困者只有在紧急情况下才会得到治疗"的观点是完全错误的。政治学家雅各布·哈克写道："大多数人认为有些人无法买到好看的衣服和跑得快的汽车是正常的，但在基本医疗保健方面，我们不这么认为。"[30]

也许经济学原理最基本的知识是竞争性市场，其中价格是由供求决定的，它是配置资源和分销商品或者服务的正确方式。即使存在特定的市场失灵（例如逆向选择），推荐的解救方案也是纠正这些离散的问题（例如要求所有人购买保险），这将使得市场恢复到理想状态。经济原理主义最大的胜利之一是让政治辩论中的双方都确信，这一基本原则也适用于医疗保健。几乎所有的共和党政治家都赞成放松管制和消费者驱动型的计划，因为他们认为医疗保健和健康保险可以并且应该由教科书中的竞争性市场来实现。大多数民主党人都同意医疗保健和健康保险应该由市场来实现，他们提出的问题是法规应当在何种程度上因势利导地纠正市场失灵。奥巴马医改的出台正是这些观点的集中反映。这是一套由强制干预、规章制度、税收、补贴和风险调整机制组成的方案，旨在迫使市场满足社会的基本要求——大多数人可以负担得起类似的医疗保险。

被遗忘的选择

当前的医保系统包括如下这些广泛但不具有普适性的医疗

提供方式：（1）在竞争性市场中出售保险；（2）强制所有人购买保险；（3）为无力负担的人提供补贴；（4）限制允许保险公司出售的政策；（5）限制公司设定价格的能力；（6）补贴雇主支持的保险，因为公司可以获得比个人更好的合约；（7）惩罚那些采用我们所反对的方案的人；（8）在保险公司之间进行资金重组。当然，医疗提供还有另一种方式。

不仅美国有这样一种方式，其他发达国家也会选择这种方式。这种方式就是全面医保制度，税收提供费用来源，由政府管理或者监督，其中大多数医疗服务的获取不取决于支付能力。这个基本模型的不同版本存在于世界各地。在英国，大多数服务是免费提供的，或者由国家卫生服务部门进行最低成本分摊，主要由一般税收收入提供资金。在加拿大，大部分医疗服务由省级政府管理的全民健康保险计划支付，而支付费用源于一般税收。在法国，保险费用由非营利性保险基金提供，工资税支持这部分费用。在荷兰，人们必须找私营公司购买基本保险（与奥巴马医改类似），但这个政策实际上是由工资税支持的。[31] 尽管私营部门的作用因国家而异，但其目标是一致的，即每个人都要被保险覆盖，这主要通过税收来实现，其中包括将成本分摊保持在可负担水平的机制。用丹尼尔·卡拉汉和安杰拉·瓦森纳的话来说，这些机制都基于"公民相互之间对医疗保健的责任"的共同原则。[32]

在美国，这种体系最常见的标签是"单一付款人"（这个术语并不完全准确，因为即使是在基础服务领域，一些国家实际上也有多个付款人，但他们受到严格的监督，以至他们的行为基本上是一样的），因为某个实体会支付大部分医疗费用。如果目标是让更多人可以负担得起医保（这是政客不会否认的事情），那么最直接的解决方法是有一个普遍的、由政府资助的健康方案。它不需要预付保费，主要由一般税收收入提供资金。这样的计划可以有适度的免赔付额和共同额，目的是影响边际行为，同时使每个人都能管理好那些需自付的费用。它也可以允许私营保险公司向那些希望在基本方案之外有额外保险覆盖的人出售补充性的保险。实际上，美国已经有了"单一付款人"的项目，即所谓的医疗保险。它为千千万万的百姓服务，受到广泛的欢迎。

单一付款人项目或者其他类似形式的方案很不错，但还不能神奇到可以解决我们所有的问题。任何体系中都必须有某种机制来确定哪些人可以得到什么样的服务。通俗地说，这就是对医疗资源的"配给"。在竞争性市场中，它就是价格。因此，富人有机会比贫困者活得更久、更舒适。在政府运行的方案中，它是立法者通过的法规，以及官员与其他公务员拟定的条文。问题在于，哪种系统能够以人们道德上可接受的方式，用更合理的成本为更多的人提供最有价值的医疗？

我们有理由对单一付款人制度持怀疑态度。实施这种制度所必需的法规可能最终导致私人利益集团（考虑医生、制药公司和医疗设备制造商）对政治家的影响过大，而无法达到改善普通人健康状况的目的。如弗里德曼所担心的那样，管理这一制度的官僚机构如果不受到竞争压力的制约，可能就会把其阶层的额外的成本强加给人们。[33]此外，如果单一付款人方案能够成功减少支出，那么愿意成为医生的人会更少，投资新技术的医疗提供商也会减少。

然而，来自世界各地的证据表明，这些挑战可以被成功克服。世界上所有其他富裕国家的医疗保健体系与竞争性市场模式相比，更接近于单一付款人模式，而且通常运行得很好。在经济合作与发展组织的34个成员国中①，只有智利比美国更多地依赖私人保险和患者自费；在其他国家，包括社会保险体系在内的政府支出都发挥了更大的作用。总体而言，这些国家的健康结果与美国持平或者更好。在经济合作与发展组织成员国中，美国的基本医疗状况指标排在第20~29名的区间，在医保覆盖率方面排倒数第三，而且人均医生数量和人均床位最少。[34]如上所述，尽管花了很多钱在医疗上，但我们还是得到了这些令人沮丧的结果。有鉴于此，我们相对于世界其他地区的高成本很可能不是过度消费的结果，而是一种围绕私人利润而非政府支出控制运行的分权制度的结果。[35]结果与哈耶克令人可怕的警告相反，公共卫生医疗管理并未不可避免地堕入极

---

① 截至2020年，经济合作与发展组织共有38个成员国。——编者注

权主义。[36]

竞争性市场和单一付款人方案代表着提供医疗保健的两种机制，反映了两种不同的关于健康的思维方式。一方面，我们可以将医疗保健服务看作应当由供求力量分配的、消费者可以自由购买的产品，这样确保资源有效地流向最看重它们（以美元计价）的人。另一方面，我们可以将疾病和伤害看作所有人都不可预测的、代价高昂的风险，是我们每个人都会面对并且有平等权利去预防的。值得注意的是，竞争性市场模式的思维贯穿于美国的政治辩论和政策讨论之中，一方表示应该诚心诚意地接受市场运行，另一方则表示应该通过明智的法规进行引导。

这种不平衡是经济原理主义力量的证明。经济学家和研究人员早已认识到医疗的独特性和消费者驱动型计划的缺点。正如经济学家伯顿·韦斯布罗德所说："我们不能通过基本的经济学分析来构建明智的公共医疗政策。竞争确实可以发挥作用，然而，医疗保健市场和巧克力饼干市场是不同的。"[37] 尽管如此，市场了解最优配置的基本理念已经在政治领域中被普遍接受。其结果是彻底减少了我们目前医疗保健问题的潜在解决方案，这使得公认的社会主义者伯尼·桑德斯成为少数质疑经济学正统观点的政治家之一。医疗保健经济学家托马斯·赖斯对此警示道：

第六章　最睿智的消费者

如果分析者误认为经济理论（假设市场力量必然优于替代性政策）适用于健康市场，并且将交易方法原封不动地运用于医疗保健中——那么他们会忽视实际上最能提高社会福利的政策，他们中的许多人仅仅是无法摆脱一般情况下的、由需求驱动的竞争性市场模型而已。[38]

随着医疗和医保价格稳步上涨，越来越多的家庭和企业无法承担医疗和医保，常见的一种对策是将医疗保健作为一项基本权利，由全社会共同出资。但政策恰恰与之相反，关注的是使市场更有效率的问题，这必然将医疗保健成本转嫁到病人身上。[39] 结果是"按收入进行资源配置"，正如莱因哈特所说，[40] 富人在生病时可以支付他们需要的医疗，而贫困者则不得不在药物、实用品、汽车费用和房租之间进行选择。较高的自付费用极大地增加了家庭财务压力：在最糟糕的情况下，1/5~1/4的家庭破产都是由医疗费用造成的。[41] 如果所有人都能买得起生活必需品（包括医疗保健），那么收入不平等可能更容易被接受。然而，越来越多的低收入家庭发现，保险不足以支付他们所需的服务和药物，而富人仍然可以享受金钱能够买到的最好的医疗。

世界观最重要的作用是，它设定了人们可能存在的信仰边界。在《十六世纪的无信仰问题：拉伯雷的宗教》一书中，法国历史学家吕西安·费弗尔表示，近代欧洲早期的精神世界里充满了宗教信仰,人们想要成为现代意义上的无神论者是根本不可能的。[42]经济学在当代美国医疗争论中扮演着相同的角色,它简化了经济学理论中市场模型的多样性,使人们无视周围国家的教训。

第七章

资本撬动世界

> 信贷市场的创新为许多家庭带来了机遇。短期内市场可能出现"超调"现象,但从长期来看,市场力量会趋于遏制超调……我坚信,从长期来看,市场在信贷资源配置方面比人为监管更有效。
>
> ——本·伯南克,2007 年[1]

自 2006 年起，美国房价开始波动；2007—2009 年，全美房价跌幅超过 30%，拉斯维加斯、菲尼克斯等地区的房地产市场跌幅甚至超过 50%。房价的崩塌式滑坡导致了潮水般的信贷抵押危机。数以百万计的借款人要么无力还款，要么难以用已抵押的价格大幅下降的房产进行原价格规模的再融资。截至 2013 年，银行声称拥有超过 500 万套房屋的产权，其中有数百万套房产处在丧失抵押品赎回权的法律状态中，或已默认丧失了抵押品赎回权，而涉及的家庭在房屋认购方面将会受到限制，信用等级也不佳。[2] 这场危机摧毁了从中西部老牌工业城市到西部沙漠中庞大新住宅区的整个美国社会。由于集中爆发的抵押贷款违约造成了不动产贬值，因此房屋闲置，蓄意破坏、掠夺的混乱景象也开始蔓延。[3]

贷款违约和抵押品赎回权失效的情况在借入次级抵押贷款

的人群中尤为普遍。这种贷款的对象多是那些因为收入不高、信用记录糟糕或者房屋价值存疑而被认为风险很高的人。按照传统做法，由于银行不愿承担信贷违约风险，这些借款人一般会被拒之门外；然而，自20世纪90年代以来，复苏的次级借贷产业使得人们能够用新型房产抵押贷款产品购买房产或者用房产进行再融资，借款者都是已经拥有房产并想借机多赚一笔的人。除了高昂的利息费用，这些次级债还具有一些复杂的特征，如浮动利率、多种付款方式、提前还款罚金等，甚至还有本金负摊还制度，这导致需要偿还的贷款变得越来越多。截至2009年，次级贷款中有高达40%无法按时偿还（逾期还款超过30天），此外还有超过15%进入了取消抵押品赎回权的法律程序中。[4]

如果房地产危机仅仅导致无数家庭的梦想破灭，那么情况还不算太糟糕。事实远没有那么简单，危机更大的后果是世界上众多大型金融机构倒闭，这些机构几乎全部在房地产市场尤其是次级贷款借款人身上下了重注。2008年9月15日，著名的投资银行雷曼兄弟申请破产保护（贝尔斯登也在当年3月申请紧急救助，政府在9月初接管了房地美和房利美），全球金融体系陷入了其他几家大型银行可能会随之倒闭的恐慌之中。次日，美国财政部接管了全球保险业第一巨头美国国际集团。这家公司自身已经濒临崩溃的边缘，一旦破产会导致许多金融机构的资产负债表出现漏洞。尽管世界各国的中央银行和政府已经采取了措施防止金融系统的全面崩盘，但是既定损失已然无可挽回。在大萧条中，美国超过 800 万个工作岗位消失。从 2008 年到 2015 年上半年，经济下行导致美国损失了约 6 万亿美元的商品和劳务，人均损失约 20 000 美元。[5] 金融危机还波及了欧洲，欧元区的许多国家（如希腊、葡萄牙、西班牙等）在巨额政府债务负担、高失业率以及政治动荡的困境中挣扎，这几乎导致欧元区的解体。

不幸的是，上述种种情形都是在意料之中的。我们在一个多世纪前已经知晓，金融体系的不稳定性会波及整个经济体系。早在 19 世纪，美国就经历了阶段性的金融恐慌，但是在 20 世纪 30 年代初，人们才接受了实实在在的教训，当时大萧条导致整个银行系统崩盘。自 1933 年起，联邦政府的应对措施是建立一个广泛的管制架构，限制金融机构可以参与的活动，并将其置于严密的监管之下。这些监管措施一方面有可能保证公民的储蓄安全，另一方面也有可能避免银行承担额外的风险，因为银行的大规模破产将危及整个经济体系的稳定。这一管制架构成功地让金融体系在随后的半个世纪中免受破坏性金融危机的侵袭，包括第二次世界大战后长达 30 年的经济持续增长时期。

供给、需求和资本

然而，从经济原理主义的视角看，金融监管只会阻碍双赢交易和金融创新，限制资本自由流动。让我们回到基础的供求模型。需求曲线反映了在每一个给定价格下人们愿意购买的产品数量，供给曲线则反映了厂商提供每一单位产品所需的总成本。只有当买者愿意支付的价格高于卖者生产和销售的成本时，交易才会发生。这样的交易增进了社会总福利，因为这意味着有限的资源（原材料、劳动力、资本）被转化为更有价值的东西（产成品）。如果有人愿意为一个雪铲支付 15 美元，厂商也愿意以 15 美元的价格出售，那么我们就希望发生这样的交易。

然而，如果买者认为这个雪铲不值 15 美元，那么没有人会强迫他去购买。买者会因为自身利益而避免不良交易。他们可以自行决定 15 美元现金和一个雪铲哪个更优。道理非常简单：让人们买自己想要的。消费者是个人偏好的最好裁决者，他们只会购买那些增进个人福利的东西。

类似地，如果一个雪铲的市场价格为 15 美元，但工厂需要花费 20 美元才能生产并出售，那么没人会强迫厂商去供应。企业希望最大化利润，因此只有当产品售价高于成本时，它们才会生产这种产品。[6] 如果企业不能以低于售价的成本生产，那么供给量就为零；同样地，如果企业不能以低于同业竞争者售价的价格生产，那么供给量也为零。简言之，企业已经受到消费者和竞争者的制约。正如个体消费者比任何人都更了解自身偏好，一家企业的主管也最了解开发什么样的产品或者服务能够在市场中获得成功。供给的道理和需求完全相同：让厂商出售它们想出售的。在《通往奴役之路》一书中，哈耶克强调："只要市场主体能在任意价格下找到愿意交易的贸易伙伴，那么双方就可以进行自由买卖；任何人也都应该自由地去生产、销售、购买任何可能被生产和销售的东西。"他在朝圣山学社第一次会议的草案中也重申了相同的观点：

> 消费者拥有选择购买什么的自由，厂商拥有选择生产什么的自由，工人拥有选择职业和工作岗位的自由。这些自由是极端重要的，不仅因为"自由"的名义本身，还因为其保证了生产的有效性。如果我们希望最大化产出以满足人们的需要，那么这样一个自由的体系就是不可或缺的。[7]

回到此前的讨论，金融市场与其他市场的运行规律是非常相似的。它提供的商品是资金的使用权：贷款人把这项权利出售给借款人，后者在一段特定时期能够动用资金（如买房）；商品的价格则是贷款利率加上其他费用。贷款人提供贷款的成本就是借款人借这笔钱的利息。如果这听起来不太好理解，我们就举例说明这些基本的概念。一些人在银行开立存款账户，存款利率为1%；银行接着把这笔钱贷给另一些人，贷款利率为4%。因此，银行的"生产成本"就是1%，"销售价格"则为4%，从而它的"利润"就是3%。

与其他市场类似，不同人群偏好不同的产品。假设所有贷款的期限和首付比例相同（比如30年固定利率，首付20%），而利率不同（因为人们的信用有好有坏）。这就好比一个冰激凌市场只提供香草味的产品，显然并非最优的情形。但如果我们允许贷款人在设计产品上有所创新，这就能更好地契合不同借款人的需求。金融产品的多样化会增加买卖双方达成双赢交易的机会。借款人如果对贷款期限不满意，就大可不必去借款；贷款人如果认为利息及其他费用不足以弥补为此承担的风险，也就大可不必提供贷款。在这种情况下，限制产品特性只会妨碍金融市场实现最优均衡。多种类型的次级抵押贷款之所以有益，就是因为其增加了借贷双方的交易量，增进了社会总福利。

最后，虽然金融市场与其他市场的运作机制相近，但前者在经济中扮演着尤为重要的角色。在这个市场上购买和出售的商品即资金的使用权，也被称为"资本"。资本是用于预先投资、获取长期收益的资金，如用来购买住房、厂房、机器设备等。[①] 金融市场的平稳运行，保证了资本流向那些能够实现资金最优配置的人或企业。例如公司A想借10亿美元建造工厂，每年盈利2亿美元；公司B也想借10亿美元建造工厂，每年盈利1 000万美元。如果银行必须在这两家公司中做出选择，

[①] "资本"有多种定义，可指代投资于创造价值的资产本身，或投入这些资产的资金，也可指代股东持有股份的价值，即下文所涉含义。

那么肯定会选择公司 A，因为公司 A 能够支付比公司 B 更高的利息。所以，我们希望公司 A 而不是公司 B 建造工厂，这是所有可能中最好的选择，自然也是最合理的选择。这就是金融市场不应该被借贷双方都不需要的管制阻碍的重要原因。

自由的金融创新

1980 年以来，随着经济原理主义越来越具有影响力，其核心理念深刻影响了金融体系的发展图景。不断寻找新的赚钱手段的金融机构迫不及待地采纳了这些信条。在行业游说者持续施加的压力下，美国国会和监管机构逐步放松了对资金购买、重组、转售等行为的约束，寄希望于这种追逐个人利益最大化的行为能够扩大数百万人的房屋所有权收益，刺激金融创新，润滑整个资本主义社会的发动机。

复杂的次级抵押贷款在 20 世纪 30—70 年代那种毫无创新的银行体系中是不可能出现的。在传统抵押贷款模式下，借款人必须支付 20% 的定金，并在此后 30 年内每月以固定利率偿还贷款，之后他才算真正拥有这套住房，偿清了债务。1982 年，随着《加恩－圣杰曼储蓄机构法》的出台，多数银行被允许提供更多形式的抵押贷款，包括可调节的利率、无本金贷款、本金负摊还等。[8] 从某种意义上说，《加恩－圣杰曼储蓄机构法》的目的是帮助金融机构获取额外收益，因为此时高昂的存款利率会提高银行的运营成本。当然，给整个信贷市场松绑，也是里根政府更为宏观的经济目标的重要组成部分。

银行及其他贷款人对此的回应是开发了新的有不同期限的抵押贷款，在贷款期限的最后时段偿还大笔本金，以及在初始的"预热"期之后利率开始上下"浮动"。随着20世纪90年代末次级信贷的繁荣，这些信贷产品变得更为复杂多样。一个极端的例子恐怕就是"可调利率抵押贷款"，它允许借款人自行决定每月还款的数额，这个数额甚至可以低于当月的利息费用。在这种情形下，需要偿还的数额是逐月递增的。几年之后，这种贷款将转化为高利率的、一般意义上的可调利率抵押贷款，此时每月须偿还的是此前的两倍甚至三倍，这将导致违约，或者最好的情况是导致再融资。[9]典型的再融资又需要新一轮的费用，有时还需要为早先的贷款拖欠支付罚金。

联邦金融监管机构如OCC（美国货币监理署）认为，金融产品创新只对借款人有利。当一些州出台法案限制多种可能导致违约的抵押贷款时，OCC以联邦法律高于州立法律为依据否决了这些法案。[10]这一做法背后的潜在经济准则是，复杂的、利息高昂的抵押贷款不会损害任何人的福利；如果借款人接受了这些条款，那么这就意味着他们认为贷款的价值已经足以让他们接受其价格。

根据《1994年业主权益保护法》，美联储有权取缔一些乱发信贷的行为。2000年，时任美联储理事会成员的爱德华·格拉姆利克支持加强对抵押贷款人的监管。然而当时美联储的掌门人是艾伦·格林斯潘。作为一个公认的经济原理主义支持者，他反对采取监管行动。[11]在格林斯潘看来，抵押产品的增多和次级借贷市场的繁荣仅仅表明金融市场正在扩展，为更多人提供更多选择："在更多的边际申请者曾经一度被贷款拒之门外的地方，贷款人现在能够有效地判断个体借款人构成的风险，并设定和风险相称的价格。"[12]换句话说，高风险的借款人现在能够以他们合意的价格获得贷款。由于更多的贷款被创造出来，更多人能买得起房，整个社会福利必将得到改善。银行愿意提供复杂的次级贷款这一事实足以证明，银行知晓自身承担的风险，因此不必担心借款人出现大规模拖欠的现象。

复杂的抵押贷款是普通人最容易看到的金融创新，但并不是唯一的创新。按照经济原理主义的新说辞，金融机构不再仅仅做借款和贷款的生意，现在它们的目标是风险配置。人或机构面临各种各样的风险，比如房屋烧毁、贷款拖欠、利率下降、油价猛涨等。根据这种理论，金融机构的目标就是促进风险转移，即将风险从那些希望规避风险、寻求保护的家庭或企业，转移到那些愿意承担风险、获取暴利的投资者。

自20世纪80年代起，金融机构发明了各种炫目的、复杂的金融工具，用于资金的购买、重组和风险配置，其中最重要的两个工具就是金融衍生品和资产证券化。金融衍生品实质上是金融市场的附加赌注。比如，信用违约互换就是赌某家公司是否会发生信用违约；买方每月向卖方支付一笔很少的费用，一旦该公司发生信用违约，卖方就需要向买方支付一笔高昂的款项；买卖双方都与这家被下注的公司无关。依据基本的经济学原理，金融衍生品有两个优点：其一，运用市场运行机制，即当且仅当买卖双方都获益时交易才会发生；其二，拓展了风险交易的产品种类，创造了可能存在的福利，这些福利在其他条件下都无法存在。

20世纪90年代，随着金融衍生品市场的扩张，一些公司和个人遭受了严重的损失，因为其参与了并不完全明白的赌局。一些立法者和监管者开始担忧衍生品带来的风险。比如，1998年，商品期货交易委员会主席布鲁克斯利·博恩就曾着手调查过衍生品的场外交易市场（私人达成，不通过交易所直接交易）。金融游说集团力图捍卫其利润不断增长的衍生品业务。时任财政部副部长劳伦斯·萨默斯甚至一度与博恩通电话（据博恩的助理所言）："我办公室里有13个银行家，他们说如果你一意孤行，那么你将导致第二次世界大战以来最严重的金融危机。"[13] 他们针对衍生品的争议就类似于曾经针对复杂抵押贷款的争议：创新的金融产品促进了买卖双方新的交易发生，这种情况允许双方进行风险交易。格林斯潘认为，衍生品市场精明的交易者能够实现自我监管。他还观察到："职业交易对手在私下达成合约，这也表明他们有能力保护自身免遭损失、欺骗或对方资不抵债的风险。"因此，格林斯潘总结道：

"对私人达成的衍生品交易进行监管是毫无必要的。"[14] 国会同意了衍生品交易员的辩护，博恩的提案胎死腹中。

资产证券化则是风险重组和再配置的前沿技术。尽管几乎任何金融资产都可以证券化，但最受欢迎的"原材料"是抵押贷款，尤其是次级贷款。首先，贷款发起人将个人贷款出售给投资银行（比如美林、高盛等）。[①] 投资银行随后成立信托公司（独立的法人实体），购买这些贷款。信托公司通过销售抵押支持债券向另外一批投资者（对冲基金、养老基金、共同基金等）付款。与普通债券类似，抵押支持债券承诺在未来特定时点向投资者偿还本金，并在持有期内定期支付利息。房主每月将抵押贷款的支票寄给信托公司，后者利用这笔资金偿付债券投资者的利息。重要的是，这些抵押支持债券被切分（tranched，即 sliced，这个词是英语和法语的结合）。每家信托公司都会发行信用评级不等的债券。比如，也许有三种等级的债券，标记为 AAA、BBB 和 C（AAA、BBB 和其他类似的指标是由信用评级机构给出的评分，用于标明不同债券的风险等级）。在房主将抵押贷款支票送达信托公司后，这笔资金首先用于偿付 AAA 等级债券的利息，如果上述利息均支付完毕，那么剩余资金将用于支付 BBB 等级债券的利息；如果资金仍有剩余，那么接下来才轮到 C 等级债券的持有人。评级最高

[①] 当投资银行出售抵押贷款时，买方会一次性支付全部款项（通常与贷款余额相等），并从初始的借款人于中获得按月收取贷款利息的权利。

代表风险最低，即债券持有者最有可能获得利息收益，相应的利率最低；评级最低的债券利率最高。

抵押贷款机构喜欢证券化，因为其能预先获得贷款的收益，这不仅锁定了他们收益的下限，还允许他们回笼资金进行新一轮贷款。投资银行通过打包并销售抵押支持债券收取了大量费用。抵押支持债券的买者主要是对冲基金和养老基金这样的投资机构，其被这种风险利率相对较高的债券吸引。投资银行还会回购一部分自己发行的抵押支持债券，并将其作为新一轮证券化的"原材料"。就像抵押贷款转化为抵押支持债券一样，抵押支持债券也可以进一步转化为一系列可分割的债券，后者就是人们所熟知的担保债务凭证。[1]

从经济原理主义的视角看，资产证券化的高明之处在于创造了新的风险配置市场。银行不必再担心当地房价下跌会导致众多借款人同时拖欠贷款。资产证券化汇聚了整个经济体内的风险，并将其分割成小份出售给想要承担风险的投资者；债券分级创造了携带不同风险和与风险相称的收益的债券，为投资者提供了多样化的选择。任何抵押支持债券都有数千名不同的借款人的贷款支撑，由于这些借款人不太可能同时拖欠贷款，

---

[1] 担保债务凭证对抵押支持债券的依附关系，就像抵押支持债券对抵押贷款的依附关系一样。令人困扰的是，担保债务凭证既可以指将抵押支持债券再度证券化的全过程，也可以指由此产生的证券本身。接下来还会有担保债务凭证的再证券化（双重担保债务凭证、合成型担保债务凭证）。

因此即便是单个风险较高的次级抵押贷款，也可成为 AAA 等级债券的原材料，其安全性堪比美国国库券。抵押支持债券和担保债务凭证的发展，使金融市场成交量大增，资本在全球投资者与有财富追求野心的购房者之间的流动变得更简单了。这是所有可能情形中最优的。

有一种观点认为，银行巨头掌握了风险管理的技巧，能正确引导资本在整个经济体内的流动和配置。联邦立法者和监管者受到这种观念的影响，也对金融业的创新交易大加支持。最初受制于《1984 年二级抵押市场促进法》，只有投资银行被允许进行抵押贷款证券化；1999 年，美国国会出台《格拉姆－利奇－布利利法》，这是自 20 世纪 30 年代以来首次允许投资银行、商业银行和保险公司整合成单一金融控股公司。该法案否决了此前的固有观念，即投资银行承担风险业务会威胁金融体系的稳定。一年后，美国国会通过《商品期货现代化法案》，和其他法规一同把金融衍生品场外交易去管制化的法则奉若神明。

监管部门还解除了一些意在防止金融机构破产的关键性条例。对银行来说，资本是股东投资的资金数量，可以通过之后向储户和债券市场借款得到补充。在历史上，最低资本的要求规定了银行借入的资金，由此降低了其因为下错注而破产的可能性。然而，这些约束条件也限制了银行在具有一定资本的情况下可以发行的贷款总量，进而限制了银行的盈利能力。在金融创新的全盛期之中，监管部门逐渐意识到，资产证券化、金融衍生品和复杂的新型建模技术使银行能够准确调节和掌控风险，这使得传统的资本限制变得毫无必要。2001年，联邦机构给予银行更大的自由度，允许其在投资多样化资产组合的情况下自行决定所需的资本数量。[15] 紧接着，2004年，美国证券交易委员会允许投资银行巨头使用其内部模型计算所需的资本数量。前提是银行有兴趣进行自身风险的精确衡量，并且已经"发展出了稳健的内部风险控制实践"，从而能够有效地管制自身。[16]

在经济原理主义的世界观中，解除对金融市场的管制，是释放供需关系的力量、以可能的最低价格向最多的人提供最多信贷的重要一步。正如经济学家斯蒂芬·科恩和布拉德·德朗所言："把垃圾债券、次级贷款拉入资产证券池中以分散风险，利用金融衍生品以划分、配置风险……凡此种种，都可看作拓展融资渠道、促进潜在的金融民主化和流动性的工具。"[17] 解除管制对金融业自身还有更为实在的好处。自20世纪80年代以来，与美国其他经济部门相比，金融业利润暴涨，2001—2007年有超过1/3的公司利润属于金融行业。金融业从业人员也从中获益，1980年至金融危机期间，该行业的人均收入达到了其他私营部门的两倍以上，而银行家和交易商每年通过开发、投资新的衍生品或担保债务凭证，获得高达数百万乃至数千万美元的利润。[18] 然而，经济原理主义为这种会加剧不平等的现象提供了完美的辩护：更高的收入补偿仅仅反映了现代金融部门对整个经济发展贡献的价值，最聪明的人从事金融活动是最适宜的选择。

只不过，正如我们所看到的，这个故事最终以由房价暴跌、贷款拖欠、抵押品赎回权被取消所组成的金融海啸以及数不清的金融破产收场。世界历史上最复杂的金融体系，借助了原来只能用于维护国家安全的计算机的力量，制造了数千亿美元的不可能被偿还的贷款。除了使人们流离失所外，这些贷款还造成居民房地产的过度投资，原本是为城市远郊地区的发展提供资金，但这些地区几年之后就荒无人烟了，这显然是不可逆的资源浪费。[19] 随着拖欠贷款的现象在全美范围内发生，抵押支持债券和担保债务凭证预期的分散风险能力也消失了：因为如果拖欠贷款的借款人随处可见，抵押支持债券有来自不同地区的抵押贷款背书这种事实就没有什么用处了。结果表明，抵押支持债券和担保债务凭证是对美国房地产市场下的巨额赌注，大多数金融机构和许多投资者在下注之后马上就发现了这个事实。曾经奏响房地产繁荣乐章的银行和房地产市场在 2008 年一同崩溃，给从美国中西部的学校到挪威小城镇的投资者都造成了严重损失。[20]

致命的抵押贷款

经济原理主义的精美模型没能预言经济个体和机构在金融

复杂度不断增加的世界中将如何行动。在现实世界中，人们通常无法预知商品对自己而言价值几何，更何况是抵押贷款这样复杂的金融工具。因为抵押贷款是人们一生中可能选择的最重要的"商品"之一，所以选择不当可能引发严重的、长期的后果。

让我们来看看可调利率抵押贷款这种次贷热潮中的典型抵押品。为了对这一金融工具做出理性的决策，你可能需要理解它的运行机制、利率上升幅度以及未来房价的可能区间（这决定你能否在未来进行再融资）。回顾以往，在房地产泡沫时期，很多借款人显然对他们所承担的风险毫不知情。大多数办理普通抵押贷款（而非新奇的可调利率抵押贷款）的人都没有意识到利率将会升高多少。随着可调利率抵押贷款日渐流行，大多数借款人都只能支付最低的月供，因而在低利率的优惠期结束后，就非常容易拖欠贷款。[21]

然而，仍有越来越多的人申请可调利率抵押贷款，截至2006年，贷款总额已达2 550亿美元。[22] 从借款人的角度看，这种新奇的贷款方式使得他们能以微薄的收入购买更大的房屋。这种可能性形成的原因是，贷款人批准贷款的方式是根据借款人的收入设定比较低的"初始"月供，月供的下降程度根据借款人的具体情况逐个核实。于是，这些"自行申报收入"的贷款就发给了那些声称仅仅满足收入要求门槛的人，有时候，不择手段的贷款经纪人还会推波助澜。比如在最极端的情况下，一个农业劳动者凭14 000美元的收入甚至可以零首付购买价值724 000美元的房产。[23] 据抵押贷款的最大供应商之一美国国家金融服务公司的某位高管所述,任何善于隐藏真相的人都能获得贷款。[24] 所以人们受到有房梦的诱惑,在不问任何问题的情况下就接受了复杂的抵押贷款。

不过,申请可调利率抵押贷款的人毕竟是少数。相反,这些贷款需要被销售出去。贷款经纪人通过展示这种贷款最开始的月供可以变得多么少,积极地向消费者推销。根据抵押贷款的另外一家主要供应商华盛顿互助银行的内部调研,人们只有在对可调利率抵押贷款知之甚少的情况下才可能购买。贷款经纪人通常扮演的就是这样的角色——确保人们在毫不知情的状态下完成贷款申请。他们的策略通常如下:粉饰甚至篡改相关合同条款、伪造签名、将可调利率抵押贷款伪装成固定利率抵押贷款等。[25] 甚至当借款人有条件申请低息贷款时,经纪人也会向其极力推荐高利贷,因为这样他们才能获得更高的佣金。2005年,次贷购买者中有半数以上有条件申请优质贷款。[26] 贷款经纪人希望推销可调利率抵押贷款,因为他们能够从银行或其他贷款方那里获得高额佣金。银行愿意贷款给那些高风险、收入未核实的人,因为这种贷款的高利率可以助其达成收入目标并向次贷市场渗透。比如,在21世纪的头10年,华盛顿互助银行就曾依靠可调利率抵押贷款和其他高风险抵押贷款占据了有利的市场份额。[27] 贷款人可以把贷款转让给银行,银行为回收这种贷款支付溢价，因为高利率使得这种贷款成为摇钱树般的资产证券化机器的完美投入品，而机器的另一端将会源源不断地吐出抵押支持债券来。

简言之，可调利率抵押贷款流行的原因是金融业想要它们，而不仅仅是知晓信息的借款人认为接受这种贷款是一笔好的交易。购买房产和用房产进行再融资的人也并非有住房需求的顾客。那些房产不过是原材料罢了。事实上，普通人根本看不懂他们所签署的金融合同，这是整个金融体系最重要的特征，而不是局部的小问题。根据经济原理主义的观点，一个不受监管的贷款市场能最大化借贷双赢的交易数目。现实却恰恰相反，脱离了监管，数以百万计的借款人就很可能受到贷款经纪人和贷款者的蛊惑，去申请自己根本无力偿还的贷款。流向可调利率抵押贷款及其他类似贷款的资本，壮大了房地产市场的买方群体，并以不可持续的疯狂态势推高了各地房价，最终导致了70多年来最严重的经济危机。[28]

致命的银行

当然，讽刺之处在于，当普通人不再支付贷款的月供时，随之倒闭的便是投资银行了。投资银行的职员多是来自世界顶尖院校的最优秀的毕业生，而导致投资银行倒闭的正是其多年苦心经营的、致命的有价证券。从理论上讲，金融创新为企业和投资人提供了绝佳的契机，使得其能准确地制定分散风险的投资组合。现实却是，无数居于金融体系中心的银行丧失了追踪交易市场风险的能力。它们就如同动画片中的人物一般，只发现自己抱着定时炸弹，却毫无作为，直到其爆炸为止。

请记住，经济学原理假定企业总是理性地最大化它们的利润。就金融业而言，这意味着银行只有获得足够的利息和费用收益，足以弥补借款人拖欠带来的损失，才会提供贷款。这也意味着金融机构不会大比例地持有那种可能突然变得一文不值的资产组合；相反，它们应将全部资产组合分成多份，销售给不同的投资者。一些银行可能因风险判断失误而丧失财富，但这终究是件好事，因为这类银行将被那些能够更有效地配置资产的同业竞争者挤出市场。

但任何在大公司任职过的人都知道，大公司并不是冷酷而高效的实现利润最大化的机器，而是由众多并不可靠的个人利益至上的人组成。关于这一点，我们可以去阅读《呆伯特》这本漫画书。在经济学中，这被称作委托代理问题：委托人（公司）只能通过代理人（雇员）进行活动，而后者的所作所为对委托人而言并不一定是最优的。[1] 华尔街的投资银行中充满了极具竞争力的银行家，他们大部分的收入来自年终奖，而年终奖又与他们前一年所获得的酬金和利润收益高度相关。对那些

---

[1] 经济学原理课程通常会介绍"委托–代理"理论，但其很少受到人们关注。

包装并出售抵押支持债券和担保债务凭证的银行家而言,他们的奖金则取决于完成的交易额,而不是房价下跌之后发生的事情。

这种薪酬结构直接导致的后果是明显的系统性欺骗行为。投资银行无视从贷款人那里拿到的贷款中所存在的问题,或者未将这些问题披露给购买抵押支持债券或担保债务凭证的投资人。正如记者戴维·达扬所总结的那样:"整个金融业构筑在巨大的谎言之上,谎言开始于贷款经纪人,并在整个资产证券化的链条中传导下去。"[29]谎言的目的是在避免被质询敏感问题的前提下,将尽可能多的贷款转化为有价证券,出售给末端的投资人。在房地产市场繁荣的末期,当难以找到这些投资人时,这就意味着这些有毒的资产要卖给经纪人自己所属的银行。

虽然投资银行通常声称自己从事分销业务,在一端购买抵押贷款,在另一端出售精密设计好的证券,但有时它们的确会选择自行持有高评级的担保债务凭证,认为其没有风险。然而,到2006年,美林银行的债券交易员开始猜测房地产的繁荣会如何停止,甚至对购买该银行所有的高评级担保债务凭证都持怀疑态度;没有了买主,担保债务凭证的经营团队就不能开展任何获取酬金的业务。美林银行为了解决这一困境,组建了一个新的交易商团队,该团队同意认购难以售出的债券。作为交换,担保债务凭证的经营团队需要与其分享利润,这实现了短期内的双赢局面。最终,美林银行积累了320亿美元的担保债务凭证，而在随后的金融危机中，美林银行正是在这笔资产上亏损了260亿美元。[30] 可见，对银行家来说有利可图的事情却可能给银行带来灾难。

银行家有时甚至愿意创造很可能亏损的担保债务凭证，也就是说，这些凭证是由很可能发生拖欠的抵押贷款衍生出来的，所以银行家没有钱可以付给凭证的持有人。比如2007年，摩根大通与对冲基金迈格尼塔联合发行了一种叫作Squared的新型担保债务凭证，对冲基金购买Squared，并豪赌其会违约。根据ProPublica（一家非营利性新闻机构）的调查，迈格尼塔促使摩根大通将大量已有的高风险担保债务凭证汇集到一起，从而增加其亏损的概率。Squared产生了2 000万美元的费用，这都要计入贷方摩根大通担保债务凭证团队的账下。但是这种"新型"担保债务凭证远不只Squared。然而，摩根大通却在市场崩盘后因持有该凭证而亏损8.8亿美元。[31] 简言之，一个银行家团队设计了一场交易，给其雇主造成的损失是原始交易产生的费用的近40倍。在美林银行和摩根大通的案例中，投资银行遭受了巨大的亏损，资本甚至在房地产泡沫破灭的时候流向了抵押贷款市场，而不是那些对整个社会来说最好的地方。

美林银行、摩根大通及其他投资银行的高管，并不是受银行家任意支配的傻瓜。但随着金融创新变得日益专业化、银行架构日益复杂化，连内部人员也难以准确判断风险。在短期内，高管也不愿意减少抵押支持债券和担保债务凭证的供给，毕竟这些金融产品为他们创造着良性收益。达成季度金融指标的压力，以及严重依赖于是否实现了这些目标的薪酬，使得任何事情的优先级想要高于短期利润都十分困难，即便在有些高管想知道房地产繁荣可以持续多长时间的时候也是如此。花旗集团CEO查尔斯·普林斯就曾在2007年明确表示："只要音乐还在奏响，你就不得不随之起舞。我们就还在舞池中起舞。"[32]

短期利润还诱惑了资产证券化链条中的其他关键角色，如担保债务凭证的经理、信用评级机构、企业的投资顾问等。当投资银行发行担保债务凭证时，会雇用担保债务凭证经理去选择几笔债券（抵押支持债券或者担保债务凭证）作为资金池。从理论上说，担保债务凭证经理应该选择那些不容易发生拖欠的债券，以保护投资者的利益。但在实务中，担保债务凭证经理出于业务的考虑，会与投资银行串通一气，经常被怀疑唯投资银行之命是从。当投资银行的某个担保债务凭证找不到足够多的买主时，一个解决办法就是强迫另一个担保债务凭证经理购买这些没人要的债券。正如一个担保债务凭证经理所言："比方说，我告诉美林银行我想买花旗银行的债券，美林银行会拒绝我；假设我想买瑞士联合银行的债券，美林银行同样会拒绝我。说到这儿您肯定明白了。"[33] 用一位财经作家迈克尔·刘易斯的话说，担保债务凭证经理就是一个"双重代理人"——似乎代表着投资者的利益，实则代表着华尔街债券交易商的利益。[34]

信用评级机构包括标准普尔、穆迪、惠誉等，它们会评估债券风险程度，并给予像 AAA、AA、A、BBB、BB 这样的评级，字母排序越靠后代表这种债券的拖欠风险越高。这些看似中立的名称有助于说服投资人，让他们确信抵押支持债券和担保债务凭证是安全的投资品。然而，这些评级机构正是管理资产证券化的投资银行挑选的，它们自然会给出让投资银行满意的结果。据一位业内人士透露，银行的姿态通常是"嘿，如果你不给出我想要的评级，街对面那家评级机构会给的，我们就会把全部业务转给那家评级机构"。[35] 债券评级业务对评级机构而言是至关重要的，因而在房地产市场繁荣时期，这些机构的收益也迅速增加。在穆迪公司，如果哪个管理者认为自家给出的评级过于慷慨，那么他将被解职。然而，危机发生后，评级结果反过来也会给评级机构带来麻烦，比如，后来标准普尔公司就支付了 14 亿美元的赔款，以消除对其评级掺假的指控。[36]

最后是企业的投资顾问，他们会决定抵押支持债券和担保债务凭证的购买顺序。没有他们，就不会发生资产证券化，也就不会有现金流入来推动次级贷款市场的繁荣。这些资金来自富有的家庭和保险公司、养老金系统或者大学这样的机构，但这些资金绝大部分是由专业的基金经理进行投资的。基金管理公司主要用投资者的资产来投资，从中获得年度分成。所以它们大可不必担心长期回报率，其利润最大化的手段就是整合尽可能多的资金用于投资，投资策略始终符合常识，使投资者不愿将资产配置到别处。只要房价持续走高，赌市场会反向发展并错过繁荣的机会就毫无意义。几乎没有基金经理仔细审视他们到底买了什么东西，只是相信投资银行的日常信息披露（有时其实是误导）和评级机构出具的华丽报告。他们不断将客户的资金投到复杂的债券中，而这些债券严重依赖于美国房地产市场的健康。然而，危机到来之时，受损失的却不是基金经理，而是他们的客户。

对投资银行、担保债务凭证经理、信用评级机构、企业投资顾问而言，盈利的最直接手段就是，即使在房地产市场颓势不可避免的时候，也要假装认为房价只涨不跌。所以大多数人直到最后都扮演着在资产证券化进程中被安排好的角色，以推动资本不断涌向越发投机化的房地产开发。在经济原理主义的设想中，专业而精密的厂商协作网络能够匹配信贷关系，创造具有不同风险－收益配置的投资产品，并将这些产品配置给合适的买主，从而将资本有效地配置给购房者或有实力的公司，同时把风险转移给愿意承担的投资者。可现实恰恰相反，现代金融体系已经演变成了一场疯狂的抢夺战，目标就是神不知鬼不觉地从借款人和投资人那里榨取个人与企业的利润。

2008年，金融风暴最先开始于次级抵押贷款市场，最终吞没了整个华尔街，生动地展现了经济学原理中厂商模型的致命缺陷。理论上应当允许公司承担一切它们愿意承担的风险。如果它们的赌注最终失效，它们就会面临破产，而生活还会继续。但2008年9月雷曼兄弟破产时,生活无法继续下去了:其他主要投资银行都处于危机边缘,普通厂商赖以生存的货币市场也被迫停摆。那时我们终于明白,世界上的大型银行往往"大而不(能)倒"——如果它们中的任何一家倒闭,那么这给其他主要金融机构带来的损失会危及整个经济体系。正如美联储前主席本·伯南克在建议国会出台紧急措施时所言:"如果我们不这样做,经济体下周一可能就不复存在了。"[37]

银行业巨头"大而不(能)倒"的现象激怒了纳税人,因为他们最终被迫为这些银行的行为买单。更重要的是,这个现象暴露了经济存在的严重问题。一个大而不能倒的金融体系有动机去承担过度的风险。如果它赌赢了,那么自然会为股东赚取高额利润(高管也会被慷慨地奖赏);如果它赌输了,那么还可以指望政府的援助,将大部分损失转移给整个纳税人群体。这个非对称机制是不公平的,它通过增加银行的风险偏好扭曲了资本的配置。对利润的追逐又一次降低了社会福利,使资本偏离了最优配置。

经济学原理中的厂商模型也许对许多经济部门都有足够的解释力,是真实世界的近似拟合。如果某家本地餐馆有一个自私的员工使坏,或者把短期利润置于长期健康发展之上,那么餐馆会向消费者提供恶劣的食物,最终会破产,但社会福利不会因此糟糕太多。然而,在金融体系中,认为企业理性经营、企业会受竞争的有效安排的误导性观点带来了灾难性的后果。

2008年，我们温习了这一课，那就是完全竞争的市场也不能如有神助般地保证资本系统性地向最有生产性的地方配置。恰恰相反，追逐利益的行为将导致个体和企业采取最大化自身利益的行动。这些行动可能会扭曲信贷决策，造成资源浪费，有时其浪费的规模是不可估量的。

不退缩的经济原理主义

如果去调查经济危机的各个历史片段，那么我们很难想象为什么会有那么多人相信：理性的消费者、无止境地追逐利益的厂商以及竞争的魔法能为借款人提供恰到好处的贷款额度，并在整个经济体内实现资本的最优配置。在2008年和2009年，金融业显然急需一场改革，以降低普通家庭和整个经济体所承担的风险。然而，现实却恰恰相反，那些创造危机的极其简单化的观点，仍然既受欢迎又有影响力。也许这并不令人惊讶。因为经济原理主义的论点来源于纯理论，其不可能仅仅通过事实来证伪。

甚至在危机最为严重的时期，"监管只会妨碍供求关系良好运行"的逻辑迅速成为抵制金融体系改革的中心论点。反对改革者采用了经济原理主义的经典说辞：即便人们只懂得基本的经济学，他们也会意识到具有美好初衷的提案最终将适得其反。摩根大通的一份研究报告对参议院议员进行嘲讽，认为他们"令人不安地忽略了市场经济学的基本准则",并且"对我们的市场经济认知混乱,就像不知道乔治·华盛顿是美国第一任总统一样"。报告撰写者认为这种无知意味着"金融改革会使贷款成本更高、获取难度更大,厂商更难分散风险,最终损害我们原本想要帮助的人的利益"。[38]

随着数百万借款人陷入丧失抵押品赎回权的局面,经济原理主义的领袖们仍竭尽全力地争辩"没有必要保护投资者远离危险的金融产品"。美国企业研究所研究员彼得·沃利森曾质疑奥巴马政府提议的合理性,因为消费者金融保护局的保护是"精英提供的、消费者并不需要的保护",声称"必然会有人丧失本来可以获取的购买商品和服务的机会"。美国传统基金会成员戴维·约翰提出,"建立消费者金融保护局的提议更可能扼杀创新",并减少市场上可能的选择。众议员亨萨林(第一章曾提到,他毕业于得克萨斯农工大学)则把建立消费者金融保护局的提议称为"对消费者权益最严重的侵犯之一"。[39]

精致的、追逐利益最大化的厂商不可能决策失误,类似的观点是反对金融改革运动的另外一个中心论题。《华尔街日报》编委会认为,加强对金融衍生品的监管将导致企业更加难以规避风险,会"毫无意义地将资本从富有生产力的经济部门中抽取出来"。沃利森的批评指向大银行(或许正是因为它们的体量而使金融系统陷入危机之中)的新管制机构,因为这阻碍了自由竞争。政治团体"自由工作"也曾敦促立法机构投票反对金融改革的法案，因为它不"（允许）自由市场机制提供正确的激励，以促使银行做出谨慎的借贷决策——在这种情况下，那些可能获利的人也将为自己的失败付出代价"。[40]在金融危机期间，最著名的观点就是把全部过错归因于政府监管，认为监管阻碍了企业"追求利润的自由"，比方说那些要求政府和金融机构贷款给低收入家庭的政策。[41]摩根大通CEO杰米·戴蒙警告称，如果监管者过分干预金融业，那么他和同事们将去其他地方追求利润："当利润迅速下降时，资本会流动到其他更容易获利的领域。"[42]

2010年7月，奥巴马政府及其支持者勉强在国会通过了《多德－弗兰克华尔街改革与消费者保护法案》（以下简称《多德－弗兰克法案》）。尽管这一法案模糊了由房地产业危机演化为全球性大萧条的关键因素，但成功施加了对金融业的诸多约束。濒临破产的银行巨头们比以前规模更大、机制更复杂，然而它们的资本规模依旧太小，难以保证其在下次危机中幸存。[43]不过，随着2008年金融危机逐渐淡出视野，批评家开始争辩《多德－弗兰克法案》有些过火了，甚至违背了经济学常识。消费者金融保护局是他们的主要抨击对象。传统基金会的一份报告称，消费者保护措施恰恰伤害了那些其试图保护的人，因为其"限制了金融产品的可得性"。这通常是经济学原理中的坏主意。[44]2015年7月，参议员特德·克鲁兹与众议员约翰·拉特克利夫联名提出了取消消费者金融保护局的议案。

废止整个《多德-弗兰克法案》已经成为众多保守派人士最想完成的目标，其中的原因可以直接在大学一年级的经济学课程中找到。参议员马尔科·卢比奥声称："这一法案扼杀了创新，阻碍了经济增长。"他甚至在总统辩论中断言："随着这一法案的出台，贷款给小微企业的中小银行里面有超过40%被毁掉了。"参议院银行事务委员会主席理查德·谢尔比极力批判这一法案中处理大型银行破产的条款，认为"失败是资本主义的一部分，承担超额风险的企业应该被允许破产"。通常来说，这个观点在理论上是对的，但它忽视了大银行的崩溃会破坏全球经济，因此对大银行的监管应更加严格。[①] 亨萨林在《华尔街日报》的文章中总结道，《多德-弗兰克法案》是"剥夺了自由市场配置资本的权力，并将其赋予了华盛顿的政治演员"。[45] 从本质上说，这些令人厌倦的陈词滥调比其他任何东西都更能说明：经济原理主义牢固支配了官僚阶层中的很大一部分人，这些人把近10年前学到的深刻教训忘得干干净净。

随着股市和高端房地产市场从2009年的低谷中反弹，我们看到这次教训的成本显然并没有在所有社会阶层间均匀分配。在美国，收入最高的1%人口所占的份额超过了2012年的峰值。银行家的表现也不错：该行业的平均收入超过了2006年、2007年的水平。然而，对全体美国人而言，情况却有所不同。

---

① 这就是为什么在《13个银行家》一书中，我和西蒙·约翰逊都认为应该拆分大银行。

从2014年起,美国家庭收入的中位数,根据通货膨胀进行调整后至少比2007年低3 000美元,适龄劳动力的就业率低于2007年的水平。[46]失业和丧失抵押品赎回权的窘境对财产有限、无一技傍身的人群打击最大;同时高失业率又使应届毕业生的就业受阻,进一步恶化了学生债务问题。上一届政策制定者受到经济原理主义的诱惑,去除了金融系统的管制,导致数百万普通的工薪家庭遭受了巨大冲击。如今,新一届政策制定者再次许诺,经济繁荣的秘诀就在于利润最大化的金融机构和由此产生的自由借贷市场。

第八章

皆大欢喜的世界

自由贸易对双方都有利,这是最有价值的政治论题,在数学上的确是可以被证明的。

——查尔斯·克劳塞默,2015年[1]

2016年3月，民主党参议员桑德斯在密歇根的竞选演说中将"美国中产阶级的消失"归咎于国际贸易协定的建立。例如，1994年《北美自由贸易协定》取消了美国、加拿大、墨西哥三国间货物和服务贸易的壁垒。"美国企业不打算付给本国工人最低生存工资。"他强调，"实际上，它们打算关闭在美国的工厂，并转向墨西哥、中国……然后将产品返销美国。"桑德斯还有一个看上去不大可能的"盟友"。共和党总统候选人特朗普在谈及国际贸易的影响时说道："密歇根已经被抛弃了。""看看这地方全都是空的工厂。"特朗普把《北美自由贸易协定》称作"美国的灾难"，并把对中国的贸易逆差（中国对美国出口的货物和服务高于美国对中国的出口）称为"世界历史上最大的偷窃案"。[2]密歇根州一度是美国汽车制造业的中心。当地民众也赞同这两位外地政客的说法。两党都有超过半数的支持者认为，国际贸易导致国内失业更加严重，故而桑德斯和特朗普赢得了在密歇根州的初选。[3]

因为密歇根的汽车工业在与日本企业的竞争中日显颓势，所以当地民众格外反对国际贸易，但这并不是个例。在彭博社最近一次全美民意调查中，被调查者里有 65% 支持提高进口壁垒（"以保护美国工作岗位"），只有 22% 反对贸易保护（其余态度为"不确定"）；44% 的被调查者认为《北美自由贸易协定》对美国经济有害，只有 29% 的被调查者持相反观点。[4] "进口加速美国人失业"的观点从直觉上具有说服力。自 20 世纪 70 年代起，随着国际贸易的扩大，美国已经损失了超过 700 万制造业岗位，而在第二次世界大战后数十年的时间内，制造业岗位通常被认为是稳定、高薪的就业机会，是工薪阶层跻身中产阶级的渠道。2015 年，美国货物和服务进口额超过 2.7 万亿美元，进口品涵盖中国生产的苹果手机、德国汽车、印度的外包客服等；而同期美国出口额约为 2.2 万亿美元，仍有超过 5 000 亿美元的贸易逆差。[5] 许多失业的或者待业的美国人会很乐意从事生产那些产品的工作。在如今经济环境不稳定的情况下，因外包或国外竞争而产生的对被解雇的恐慌情绪导致许多人质疑国际贸易的好处。

橘子和香蕉

然而，在经济学原理课描绘的光明图景中，贸易总是有益的。从某种程度上说，这是供求基本模型的应有之义。如果厂商能以 10 美元的成本制造一个雪铲，而消费者认为这个雪铲值 20 美元，那么这笔交易是否发生在同一个国家是无关紧要的，贸易一定会使双方变得更好，从而增进社会总福利（如果"社会"被定义为整个世界的话）。

但从国家的视角看，就可能存在这样一个问题。如果一个美国人向本国公司购买了一个雪铲，那么消费者剩余和生产者剩余都属于美国；但假设一个中国制造商能以更低廉的成本生产这个雪铲，如果美国消费者购买了中国制造的雪铲，生产者剩余连同其所创造的就业机会就遗留在了太平洋彼岸，美国社会总福利看起来是下降的；再假设中国能以更低廉的成本（可能是由于工资更低）供应所有商品，你可能会想到，美国最终将从中国进口一切商品，而美国本土就不存在就业岗位了。

不过，我们无须担心这个问题。答案就隐藏在"比较优势"中。"比较优势"是由经济学家大卫·李嘉图在 19 世纪早期提出的。经济学原理课通常在田园牧歌式的背景下介绍这个概念：假设有两个人住在相邻的热带岛屿上，他们分别种植橘子和香蕉。如果米基只种橘子，那么每月可生产 100 个橘子；如果他只种香蕉，那么每月可生产 200 根香蕉。他也可以既种橘子又种香蕉。比如，如果他平均种植橘子和香蕉，每月就可生产 50 个橘子和 100 根香蕉。明妮面临着同样的选择，只不过她所在岛屿的土壤不够肥沃，对种植橘子而言，土壤尤其重要。如果她只种橘子，每月就只能生产 25 个橘子；但如果她只种香蕉，每月就能收获 100 根香蕉。她当然也可以既种橘子又种香蕉（如图 8-1 所示）。

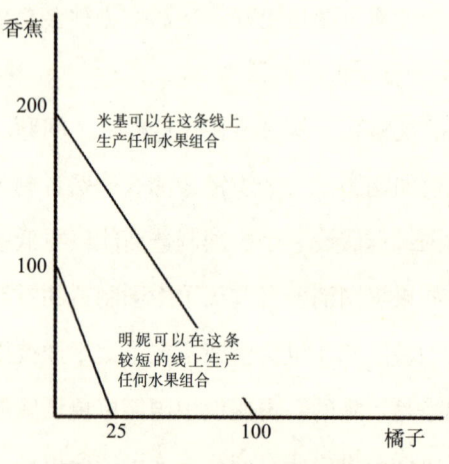

图 8-1　无贸易状态下的可能的饮食

因为米基在种橘子和香蕉上都有优势，所以你可能会认为他不必同明妮交易。但比较优势的秘诀就在于此：米基能够生产的香蕉数目是橘子的 2 倍（200∶100），但明妮能够生产的香蕉数目是橘子的 4 倍（100∶25）。为了多生产 2 根香蕉，米基必须少生产 1 个橘子，对他来说，2 根香蕉的价格就是 1 个橘子。为了多生产 1 个橘子，明妮必须放弃 4 根香蕉，对她来说，1 个橘子的价格就是 4 根香蕉。这就使双赢的贸易成为可能：米基可以用 1 个橘子换明妮的 3 根香蕉，这样他不必为了种植 2 根香蕉而少生产 1 个橘子，而只需要用 1 个橘子和明妮交换；同样地，明妮也不必少生产4根香蕉，以便多种植1个橘子，她只需要用3根香蕉和米基交换（还可留下1根多余的香蕉）。双方都比不交易时更好。

双赢的贸易能够发生，是因为米基在生产橘子上有比较优势：为了多生产1个橘子，米基需要放弃的香蕉比明妮少，反过来明妮在生产香蕉上有比较优势。米基有两个办法获得香蕉：可以自己种香蕉，也可以种橘子来换香蕉。因为他在种橘子上有比较优势，所以他用第二个办法能够得到更多的香蕉。把橘子和香蕉换成电脑和衣服（李嘉图用的例子是英国的布和葡萄牙的酒），你就会明白为什么国际贸易总能使两个国家都变得更好。

在经济学原理的体系下，比较优势理论解释了为什么"保护主义"（即通过限制进口来保护本土企业和工人免于世界竞争）一定是有害的。各种贸易保护措施（诸如关税或其他对外国企业不利的监管措施）都阻止了互利贸易的发生。暂且抛开其他国家的贸易政策不谈，削减贸易壁垒甚至对身处壁垒之后的国民也是有利的，因为外来竞争促使价格下降，由此带来的消费者剩余的增加将大于生产者剩余的减损。

在不考虑其他国家反应的情况下，认为美国应该取消壁垒、全面开放的观点似乎是反直觉的。那样可能会损害美国工人的利益，因为他们面临着进口品的竞争，却被限制出口商品。但我们应将国际贸易看作一个整体。当美国消费者从海外购买产品时，我们是用美元进行支付的。外国企业唯一能做的就是用这些美元去买美国产品（相当于美国的出口）或资产，这对美国经济而言总是好的，至少从理论上说是如此。① 那种认为我们从海外进口一切商品就会丧失全部就业机会的想法是自相矛盾的。比较优势理论是如此引人入胜，以至许多学生学习过经济学原理后，就会坚信自由贸易一定对每个人都有利。

弗里德曼终其一生都是自由贸易的拥护者。1970年，由于日本市场不向美国企业开放，有人认为美国应向日本设立进口限制。他认为这一观点是"一派胡言"。"出口是贸易的成本，进口是贸易的收益，而不是相反的。"他如是写道。与往常不同，这一次传统经济学思想站在了弗里德曼一边。凯恩斯通常也支持自由贸易，尽管他认为保护政策可能也具有战略性意义，这要视国际金融体系而定（弗里德曼也赞同这一补充）。[6] 事实上，与本书所讨论的其他经济学原理内容不同的是，认为贸易可以使双方变得更好（不仅在理论上，真实世界中也是如此）的观点在职业经济学家中十分流行。评论员马特·伊格莱西亚斯曾写道："世界上没有哪个理论比大卫·李嘉图关于自由贸易的基础理论——比较优势理论更受经济学界的热捧。"芝加哥大学布斯商学院经济学专家组实际上也一致同意以效率和消费者选择

---

① 比如，外国人以更低利率购买房屋、商业等金融资产；外国人直接投资建设厂房，为美国商业提供资本和就业机会。在现实世界中，外国投资过多也有副作用。

形式出现的贸易的好处，比任何潜在工作岗位减少的损失都"大很多"，所以美国公民因为《北美自由贸易协定》变得更好了。[7]经济学家、国际贸易领域专家保罗·克鲁格曼虽然在诸多政策问题上与弗里德曼持完全相反的政治立场，但在自由贸易的问题上，两人达成了高度一致。在《资本主义与自由》一书中，弗里德曼认为："我国设置的关税不仅损害了其他国家，更损害了我们自己。只要我们削减壁垒，即使其他国家不这样做，我们依然能够获益。"40 年后，克鲁格曼也写道："不论其他国家反应如何，只要一个国家支持自由贸易，就能从中获利。"[8]

国际贸易也是一个政策制定者看上去不得不听从经济学家建议的领域。第二次世界大战后，美国通常采取削减关税壁垒的措施，部分是为了保证本土企业的出口市场，部分是为了加速盟国的复苏，以便使其成为美国的潜在消费者，还有一部分原因是想在共产主义体系之外建立和平的、相互依存的国家网络。最近，美国已经与诸多贸易伙伴签署了双边、多边贸易协定，经济学家和政治家早已就自由贸易的好处达成了长期共识，因此，在特朗普呼吁向墨西哥、中国征收 35%~45% 的进口关税时，许多时事评论员对此大感意外。[9]

赢家与输家

尽管经济学家和政治精英显然在这一问题上达成了共识，

但许多民众仍对自由贸易的优势持质疑态度。其中自然有很多非正面的原因，比如排外心理，但也有很多符合经济学解释的原因，这些原因常在经济学课程中出现，却也常被忽视或遗忘。

关键问题在于，在每个国家内部，国际贸易总是会产生赢家和输家。回到上文热带岛屿的例子，与明妮的贸易导致米基生产更少的香蕉、更多的橘子。如果米基代表一个国家，橘子和香蕉代表两个经济部门，那么生产橘子的部门就会获得更多就业岗位，代价则是生产香蕉的部门失去更多就业岗位。最理想的情况是过去在生产香蕉的部门工作的工人在生产橘子的部门就业。但在现实中，因外国竞争而失业的工人与因出口增加而获得工作的工人可能不同；不过从国家整体来看仍是平衡的，因为生产橘子的部门的就业机会增加量等于生产香蕉的部门的就业机会减少量。[10] 就像弗里德曼1981年所言："有些就业岗位肯定会因进口增加而消失，工业部门的就业最易受到影响。但出口增加也会创造出口品部门的就业岗位，因为外国人向我国出口并得到了美元，就会用美元买我们的出口品。"[11] 与此同时，每个人都因香蕉价格降低而受益（受惠于从明妮处进口）。

然而，从输家的角度解读这个问题，结果就会大相径庭。当一个富有的国家（如美国）增加了与贫困的国家之间的贸易（包括进口和出口），由于外国廉价劳动力的竞争，本国一些工业部门就会面临裁员，甚至意味着某些部门的集中裁员（美国制造业已经出现了这种情况）。尽管这些部门的人员减少与其他部门的人员增加刚好相抵，但由于自动化制造业部门的工人长期从事流水线作业，很难进入新泽西的制药公司或硅谷的软件公司就业，对他们及其家人而言，贸易的直接影响就是长期的失业和经济困顿。贸易中的输家还包括那些面临激烈海外竞争的部门的工人，因为进口品相对便宜，而且美国企业还有可能将就业机会转向海外，所以这更降低了他们的议价能力，抑制了工资上涨。

在美国等发达国家，国际贸易会对低收入工人产生不利影响，因为他们被发展中国家更廉价的劳动力取代了。发达经济体的比较优势不在劳动密集型部门，而在生产力最高、员工技能最高的部门，如软件公司，而非香蕉工厂。有比较优势的企业的收益和利润都更高，因为它们面向全球消费者，满足了股东和管理者的利益。简言之，在一个富有的国家中，贸易的赢家是那些原本生活就不错的人，所以增加与贫困国家的贸易的影响之一是美国劳动力群体内部的不平等程度加剧。

贸易的赢家不仅包括高生产力部门的工人，还包括美国消费者，因为他们可在更大范围内挑选价格更低、质量更好的产品和服务。但他们的收益相对较小，至少与失业工人的损失相比是较小的。人们更易关注到外国竞争引发的就业机会丧失或国际竞争造成的威胁，而不易察觉到竞争后的商品价格更低廉。如果你被通用汽车公司解雇，那么购买更便宜、更可靠的丰田汽车这件事就显得无足轻重。所以我们很容易理解自由贸易在普通民众中不如在经济学界受欢迎的原因。

从理论上讲，贸易把"蛋糕"做大了，无论对个体、国家还是全球而言都是如此，所以应采取再分配措施将赢家（消费者和出口部门的工人）的利得转移给输家（受到外来竞争部门的工人）。然而，在现实中，这要求提高税收以补贴长期失业的人。这一提议在美国当前的政治环境中显然是天方夜谭。结果，国际贸易可能带来的影响便是，迫使特定行业的家庭陷入贫困，压低工薪阶层的工资，同时增加高收入阶层的工资，使其他人变得比以前稍好，最终加剧社会不平等的程度。

贸易的真正影响

总之，经济学原理探讨了国际贸易的两个问题。其一，从整体上看，对每一个参与贸易的国家而言，贸易的好处大于损失。这是被经济原理主义广泛接受的基本法则。其二，也是常常被忽视的一点，贸易的损失和好处在一个国家内部的分配是不均匀的，如此导致一部分人变好、一部分人变差。那么，这些理论在现实生活中的适用性又如何呢？

回溯历史，很难断言开放经济就比贸易壁垒的效果更好。19世纪美国得以成为世界领先的经济体，不仅依赖自由贸易，更依赖进口限制政策。首位财政部长亚历山大·汉密尔顿就曾推行高关税政策。在工业资本的支持下，这一政策延续了整个19世纪。关税政策保护了美国本土企业免受生产率更高的英国竞争者的倾轧，直至本土企业成长起来，足以抵抗高生产率的竞争。经济学家斯蒂芬·科恩和布拉德·德朗将这一机制称为"汉密尔顿体系"，这也为后工业化国家所广泛应用（如19世纪末的德国，20世纪的日本、韩国和中国）。每个后起的东亚国家都部分依靠保护本国幼稚制造业和谨慎管理对外联系的政策而成为出口大国，而不是实行允许外国企业自由进出本土市场的政策。[12]

不过，历史经验不适合照搬到当今的美国，因为美国早就经过了工业化的初级阶段，并且有大量相对富裕的消费者，他们迫切想要得到来自全世界的产品和服务。近年来，国际贸易的扩大给美国人带来了复杂的影响：社会总福利也许增加了，但也不可避免地产生了赢家和输家。尽管针对《北美自由贸易协定》的争论热火朝天，但与墨西哥、加拿大两国的贸易对美国影响并不大。据美国国会预算办公室2001年的估计，《北美自由贸易协定》导致对墨西哥出口增加11%，进口增加8%。即便如此，由于美国经济体量庞大，这些额外的进口也仅相当于当年GDP的0.1%，由此对就业产生的影响就更小了。根据美国经济政策研究所（反对《北美自由贸易协定》）和彼得森国际经济研究所（支持《北美自由贸易协定》）的估计，与墨西哥贸易的增长导致美国每年净损失15 000~40 000个工作岗位，这甚至不足劳动力市场规模的千分之一。类似地，《北美自由贸易协定》给美国带来的好处（包括消费者面临的价格更低）也是无足轻重的。经济学家洛伦佐·卡利恩多和费尔南多·帕罗通过考查美国多个工业部门（不仅仅是进口行业和出口行业）发现，《北美自由贸易协定》仅促使美国社会总福利增加0.08%。[13]

尽管《北美自由贸易协定》的达成对美国而言总体是好的，[①] 但在特定地区则不尽然。如前所述，许多因外来竞争而失业的人很难在其他部门再就业，因为他们缺少专门的工作技能，或者很难迁移。经济学家舒沙尼卡·哈科比扬和约翰·麦克拉伦在研究《北美自由贸易协定》对地区劳动力市场的影响时发现，在容易受到墨西哥商品竞争的地区，蓝领工人的工资比其他地区增长更慢。总之，"《北美自由贸易协定》对大多数工人或平均水平的工人的影响是较小的，但对少数工人的影响是非常负面的"。[15] 在现实的劳动力市场，贸易协定确实带来了一部分输家。

过去20年间，国际贸易领域的重大事件并不是北美自由贸易区的建立，而是中国的经济腾飞并成为主要的出口国。美国自由贸易的抵制者（如特朗普等人）常常指责中国竞争导致

[①] 还有一个争论是关于《北美自由贸易协定》对墨西哥是好是坏。卡利恩多和帕罗估计墨西哥社会总福利增进了1.31个百分点（增加幅度约为美国的16倍）。然而，自1994年起，墨西哥的人均GDP增长率始终是拉丁美洲最低的。[14]

了美国本土制造业的滑坡,以及高薪、熟练工人的流失。这种指责或许是有点儿根据的。一些经济学家单独评估了中美贸易对不同行业、不同地区劳动力市场的影响,发现中国对美国出口的增加导致美国在1999—2011年丧失200万~240万个就业岗位。据预测,受到中国激烈竞争的工业部门从业者面临着严重失业情况,但其他部门没有出现就业增长。[16]从中国进口的增加并不是来自《北美自由贸易协定》这种显性形式,尽管2000年美国的确承认了与中国的永久性政策贸易关系,这保证了低关税政策的持续。经济学家贾斯廷·皮尔斯和彼得·肖特认为,正是这一政策演变导致了美国制造业部门就业的迅速下滑。[17]

这些就业岗位的流失集中在特定地区的劳动力市场。经济学家戴维·奥特尔、戴维·多恩、戈登·汉森曾分析进口增加对美国不同地区的影响。意料之中的是,那些受到更强烈外来竞争的地区的制造业部门从业者面临着更严重的失业情况,然而这些地区的其他部门的就业也没有增加,结果,制造业部门就业的流失直接转化为当地劳动力的减少和失业率的提高。这一影响对于那些未上过大学的劳动者尤为明显,这部分人在开放贸易前的收入通常也是最低的。[18]来自该研究团队的另一篇论文则发现,国际贸易不仅降低了那些受到激烈外来竞争的地区的平均工资,还降低了竞争性部门不易转换岗位的工人的工资。作者总结道:

如果一个人认为中国重大的经济改革对美国劳动力市场的影响不外乎本科经济学教科书中所描述的那样，那么他就会预测美国可贸易的部门之间会出现大量的劳动力流动……美国会限制从可贸易产品（可以在不同国家之间便利交易的产品）到不可贸易产品的就业再分配，以及对美国总体就业岗位没有净影响。

然而，这一乐观的预测并不能反映客观现实："现实世界中对中国贸易冲击的调整与之大相径庭。出口导向的可贸易部门和不可贸易部门中都不存在弥补（因与中国开展贸易而失去）的工作岗位，从很大程度上讲，（理想中的应对措施）无法实现。"[19]

总之，近年来美国的经济发展过程与简单的比较优势模型存在两点不同。第一，资本和劳动力资源从进口部门转移到出口部门的过程（对米基的岛屿而言，就是从香蕉转移到橘子的生产）并不是无缝衔接的，而且可能永远都不会完成。否则，对中国贸易的增长就不会导致美国超过200万就业机会的净损失。从某种意义上说，这个状况并不意外，因为没有人相信企业和工人能够在一夜之间完成转换。但现实状况是，美国对中国竞争的适应过程是如此缓慢、如此不完备，以至引发了大量针对自由贸易的质疑。

第二，工人及其家庭不能接受低成本进口品带来的福利扭曲问题，尤其是当他们所处的地区（比如老工业中心密歇根州、俄亥俄州等）遭受到了强烈的外来竞争时。这一事实并不违背经济学原理中的模型，因为开放贸易必然出现赢家和输家。但这一现象反映出，即使贸易从总体上确实带来了好处（把获得更便宜的衣服、玩具、电器的好处与就业的损失做对比），这些好处也导致了不平等程度的加剧。受教育程度较低的非熟练劳动力最有可能失业或面临工资水平停滞。实际上，美国也未能帮助他们共享国际贸易增长创造的繁荣成果。与此同时，出口商品和服务的企业的规模壮大、利润增长，为其管理者创造了更大的回报。正如财政部前部长劳伦斯·萨默斯所言："当前状况是，自由贸易和全球化为高收入阶层创造了更多盈利机会，却将普通工人置于激烈竞争之下，从而加剧了美国的不平等。"[20] 在这种背景下，自由贸易政策带来了在适度增加总体福利（很大程度上是以更便宜的消费品的形式出现）和工人阶级更糟糕的结果之间的权衡取舍，而取舍之后的结果就是不平等程度的加剧。

诱导转向法

如果你认真学习过经济学原理，就会发现自由贸易的案例是非常微妙的。低关税政策长期内会增加社会总福利，但对美国等发达国家而言，这一影响是非常小的。当今现实正是如此，因为进口关税已经很低了。正如克鲁格曼所说:"比较优势理论认为,如果一国开放程度已经非常高,那么它从开放贸易中获得的收益就很少。"[21] 同时,由国际贸易而不可避免引发的福利扭曲会伤害一些低收入工人,加剧不平等程度。但如果谈及现实政策问题,那么两党的评论员和政治家仍会重复之前的黄金法则——自由贸易是好的,而完全忽略个中细节。

美国近年来主要的贸易问题是《跨太平洋伙伴关系协定》,这项协定是 2016 年 2 月签署的,囊括了澳大利亚、文莱、加拿大、智利、日本、马来西亚、墨西哥、新西兰、秘鲁、新加坡、美国和越南 12 个太平洋沿岸国家。① (这项协定之所以重要,不仅是因为其涉及区域广,还在于其被认为是未来美欧签署《跨大西洋贸易投资伙伴关系协定》的先声。)《跨太平洋伙伴关系协定》是奥巴马在第二届总统任期内施行最高立法优先权的举措之一,自 2008 年初步谈判开始就一直饱受争议。2015 年,奥巴马勉强说服国会授权其"快速通道"立法权,这意味着该协定谈判一旦达成,将迅速进入投票表决环节,而无须经过任何修订程序。尽管该协定通常被描述为自由贸易协定,且内容包括多商品的关税减让政策,但事实上它是一个极其复杂的条约,涵盖了国内监管政策、劳工标准、环保政策、专利保护、争议调解过程等方方面面的问题。

---

① 协议签订后仍有待参与国政府的批准。

尽管如此，这项协定最初支持者的观点都是"去重读大卫·李嘉图的著作吧"。奥巴马政府经济顾问委员会主席贾森·弗曼就曾以比较优势理论支持其关于《跨太平洋伙伴关系协定》的主张。专栏作家查尔斯·克劳塞默也以这一方法开篇："自由贸易对双方都有利，这是最有价值的政治论题，在数学上的确是可以被证明的。大卫·李嘉图在1817年就是这样做的。比较优势理论已经完美运行了198年。"财经作家罗杰·洛温斯坦也发表过相似的观点："200年前，大卫·李嘉图解释了为什么国际贸易是双赢的；现在的反贸易协定者忽略李嘉图的观点，他们早晚会自食其果。"他继续写道："希望在《跨太平洋伙伴关系协定》再次进入磋商之前，国会成员能够牺牲10分钟的时间重读那位与亚当·斯密、托马斯·马尔萨斯比肩的经济学家的著作，他们共同奠定了今天经济学的基础。"经济学家格里高利·曼昆将《跨太平洋伙伴关系协定》的争议简化为教科书式命题，他问道："如果国会议员参加经济学原理考试，那么他们能及格吗？"他还自信地声称："对经济学家而言，这个问题毫不费脑筋。"[22] 上述共识是我们已经耳濡目染的命题：反对贸易协定的人都不懂经济学。

然而，大卫·李嘉图的经典模型没有涉及《跨太平洋伙伴关系协定》的具体内容。由于此前美国已经与该协定的大多数参与国就大部分商品达成贸易协定，教科书上涉及的比较优势理论和关税减让的好处也相对变少了。彼得森国际经济研究所的一项研究表明，到2030年，《跨太平洋伙伴关系协定》将在长期内促使美国人均收入提高0.5%，且不影响失业率。然而，塔夫茨大学的一篇论文则运用不同的模型假设（假定进口竞争会带来失业，而低工资会降低总体消费需求）得到相反的结论：美国经济在未来10年将收缩0.5个百分点，净损失40万个就业岗位。[23]尽管这些数字并非微不足道，但考虑到此类预测本身所带有的不确定性成分，《跨太平洋伙伴关系协定》中的关税减让政策很可能对长期经济发展产生相对较小的影响。（如彼得森国际经济研究所的支持《跨太平洋伙伴关系协定》的经济学家迪安·贝克指出："有了这项协定，我们在2030年1月1日的富裕程度将和没有这项协定时的2030年3月15日的富裕程度相当。"[24]）

《跨太平洋伙伴关系协定》大多数的政策并不针对贸易领域。协定的内容之一是要求参与国加强对知识产权的保护，包括专利权、版权等，以遵循美国的现行法律。从定义上讲，知识产权与自由贸易毫无关系，相反，知识产权还限制了企业生产或配置特定产品和服务的能力。强有力的专利和版权保护对制药业、影视业的企业尤其有利，而这些企业的总部多设在美国，它们借此能够获得对药物、影片等商品的更长时间的垄断权。然而，这些行业是否对世界有益，甚至是否对美国有益，还是尚不明晰的。发达国家加强对药物专利权的保护弱化了该行业的同业竞争，由此导致许多国家药价上涨、药物难得。[25]更一般地，如果正如《跨太平洋伙伴关系协定》支持者所言，自由贸易将带来好处，那么加强知识产权保护将是背道而驰，因为这一措施减缓了先进技术从发达国家向发展中国家的模仿者的扩散，而这些模仿者本可以用更低的成本生产相同的产品。[26]

也许《跨太平洋伙伴关系协定》最具争议的部分在于"ISDS"（投资者－国家争端解决机制）这个模糊的术语。在ISDS下，如果投资者（通常是企业）的利益受到另一国法律或法规的侵犯，那么投资者有权控告该国政府。这种案件不会在地方法庭审理，而会移交专门法院审理，且专门法院的裁决不支持上诉。诉讼理由包括该国政策歧视外国企业，或限制外国企业未来的盈利能力等。

ISDS最初被认为是保护外国投资者免遭东道国政府或法院任意、非公正裁量的重要手段。然而，在实际操作中，它成为公司质疑新规的方式，尤其是那些为保护当地环境和公众健康而削减外来投资者经营规模的规定。加拿大已经为《北美自由贸易协定》下的ISDS案件支付了约2亿美元的罚金和处置费。举例来说，加拿大政府曾禁止使用MMT（一种具有潜在危害的汽油添加剂），总部在美国的乙基公司却质疑这项禁令的合理性，并要求加拿大支付1 300万美元的赔偿金，并废止这项针对MMT的禁令。无独有偶，澳大利亚政府规定烟草必须包装简单且有警告标识，菲利普·莫里斯公司在ISDS下控诉澳大利亚政府。尽管法庭最终于 2015 年驳回该公司的上诉，但澳大利亚政府仍花费了 5 000 万美元的诉讼费。这一事件还阻止了加拿大政府出台类似的法令。针对乌拉圭政府的类似指控也在进行中。在迄今为止最大的一起 ISDS 案件中，由于德国政府在 2011 年福岛核事故后关停两处核电站，瑞典瓦腾福能源公司状告德国政府，要求赔偿 60 亿美元的盈利损失。在美国，当时任总统奥巴马驳回了基斯通输油管道的扩展要求后，横加公司同样在 ISDS 下要求美国政府支付超过 150 亿美元的赔偿金。[27]

由于上述原因，许多人都对 ISDS 表示怀疑，其中包括杰出的经济学家杰弗里·萨克斯和约瑟夫·斯蒂格利茨。除了公司，没有任何机构能够质疑政府"为了维护法律或者公众利益"而采取的行动。萨克斯和他的合作者强调，ISDS"扭曲了法律体系的规则，并且使得一些外资公司的经济利益凌驾于本国居民的利益之上"。[28] ISDS 的部分内容有可能是合理的，比如，一些发展中国家承认在国际机制下解决争端而非诉诸本国法庭，可能会对外国投资者更具吸引力。问题的关键在于，尽管 ISDS 是"贸易协定"的一部分，但它与比较优势、商品和服务的自由贸易毫无关系。相反，ISDS 是一种用于强化私营公司利益的机制，而这些公司或多或少都和民主选举的政府有点儿关系。

《跨太平洋伙伴关系协定》是有关贸易的协定，或者从广义上讲，它是有关不同地区的家庭、企业之间的经济活动的协定。但该协定远远超出了"自由贸易"的传统范畴——消除进口壁垒。相反，它更着眼于管控工人、消费者、企业和政府之间的关系。其制定的规则受到了商业利益的不成比例的影响。虽然该协定是秘密磋商的，但奥巴马政府仍事先向28名咨询顾问征求了建议，其中85%是各行业代表。[29]因此，最终《跨太平洋伙伴关系协定》侧重保护制药、娱乐等特定行业的知识产权，并通过ISDS保护能源行业的利益，就不足为奇了。"交通法规是有利于兰博基尼还是有利于福特汽车，这取决于谁来制定法规。"经济学家贾里德·伯恩斯坦说，"这个问题并非'美国人'与'中国人'之间的对抗，而是《跨太平洋伙伴关系协定》的跨国公司代表和工人、消费者之间的对抗。"[30]从体系之外看，这似乎意味着全球治理的规则将由大公司决定。

简言之，援引经济学家西蒙·约翰逊和安德烈·列夫琴科的观点，无论《跨太平洋伙伴关系协定》的规则是好是坏，它都不是"遵从李嘉图理论"的结果。经济学原理告诉我们，消除进口关税是好的，但这并未给《跨太平洋伙伴关系协定》的大多数复杂的规定提供指导。然而，《跨太平洋伙伴关系协定》的支持者却最乐于援引比较优势理论。"这是一种'诱导转向法'，"克鲁格曼写道，"即让人们回顾李嘉图的贸易理论，引出'自由贸易是好的'的观点，然后讲一些耸人听闻的故事，说明贸易保护主义如何使数以百万计的工作岗位消失，并导致了全球经济萧条；但这说明不了什么问题。"[31] 在有关国际贸易协定的讨论中，经济原理主义扮演了不寻常的重要角色。那些天真抑或虚伪地支持自由贸易的人不仅忘记了经济学原理模型中的细节——社会总福利的增加较小，而失业工人却承担了大部分代价，还运用那个源自英国布与葡萄牙酒的再简单不过的模型，去解释一项与比较优势和专业化生产毫无瓜葛的贸易协定。

以上论述并不意味着我们应当像特朗普一样迅速转变数十年来的自由贸易政策，采取禁止性关税以限制低工资国家的进口品。美国早就不是一个发展中国家，不需要保护幼稚工业，我们更不应为了低工资的就业岗位转变经济发展模式。但"自由贸易是好的"的黄金法则，湮没了经济学原理中的其他重要内容——贸易的好处和代价是不均匀分配的。在我们的例子中，这意味着富人更富、贫困者更贫困。所以我们不应无条件地相信自由贸易代表最优情况，而应意识到，经济体越是对外部竞争开放，就越应该加大对失业工人再就业的保障力度。由于再就业要么不可能，要么难度很大，因此我们需要加固综合保障网，为长期失业的贫困人口提供最低的生活保障。

比较优势的说法还悄悄混淆了贸易和贸易协定的区别。许多有关《跨太平洋伙伴关系协定》的宣传都掩盖了如下事实：这一协定远远超出了消除进口壁垒的传统内容。它建立了一个超国家的监管体系，限制了东道国政府出台政策、保护本国公民的能力。大企业对协定的起草产生了举足轻重的作用,这为它们获得特殊利益提供了"后门"机制,而在原来的本国政治格局下,它们无法获得这些特殊利益。从根本上说,这是一个政治权力的问题,关乎确定经济领域游戏规则的权力。这本身并没有什么问题。在民主社会,我们希望企业和行业组织追逐自身利益的最大化。但国际协定只是关于经济学原理中的比较优势模型的伪装,隐藏了经济原理主义面纱背后的关键问题:谁是赢家,谁是输家?

第九章

可能的最优世界——为谁而设

> 美国家庭之间在生活水平和物质财富方面的对比,能够反映出一种倾向于鼓励个人努力并将之转化为社会生产能力的奖惩体系。这种体系的成功之处在于它生成了一个有效率的经济体。但是追求效率必然会创造不平等。
>
> ——阿瑟·奥肯,1975 年[1]

《通往奴役之路》一书中的语气显示了一种直接面对当时势不可当的反对派的勇气："重点在于，如果我们要找出一些其见解能影响今后发展的人来，那么在今日的民主国家中，这些人在某种程度上全都是社会主义者……因为几乎每个人都想要它，我们才向这个方向前进。"哈耶克在英国写这本书的时候，第二次世界大战的结果仍扑朔迷离。不过他当时就有了一个十分重要的目标，即向世人展现计划经济将不可避免地导致"极权主义"——"民主的社会主义，作为最近几代人伟大的乌托邦，不仅仅是不可实现的，且这种徒劳的努力中将产生一些完全不同的东西，在想要民主社会主义的人中，没人做好了接受这些结果的准备"。[2]当他在1945年前往美国推销自己的书时，他发现，美国人"对于理性构建社会的新形式的热情在很大程度上仍然没有被过往的经验污染"。[3]

自第二次世界大战以来，美国的思想和政治气候已经完全转变了。在这个哈耶克一度只能在荒野中发出孤独声音的地方，"私人竞争是管理人类行为最好的方式"这一论断如今已成为不证自明的真理。所谓的自由市场资本主义已经没有了什么像样的对手。具有不同意识形态立场的政治家们反而在谈论加强对工作和储蓄的激励、鼓励企业家精神、将管制程式化以减少商业的负担以及发挥市场的能力。一位民主党的总统宣布了大政府的终结。[4] 自由主义者构建他们的政策提案，把它们作为针对特定市场失灵的技术性解决方法：用强制保险来解决医疗保险市场中的逆向选择问题，通过征收碳排放税来纠正温室气体的过度排放，或更新能源补贴政策以平衡当下支持使用化石燃料的社会力量。美国在国家层面并不存在社会主义，不过还存在一个有争议的例外。在2016年的总统初选中，自称是社会主义者的桑德斯在这个舞台上相当显眼。他的观点在西欧简直太过普通（西欧支持普遍的医疗保险、免费高等教育以及更高的最低工资），以至他会被当作一个中间派的议员。这反映出美国人听到自由市场教条之外的声音是多么不同寻常。

政治景象被自由竞争市场模型接管的部分原因在于经验：随着20世纪50年代生活水平的提高，以及强大的工会可以使（一部分）工人分享企业的利润，市场看起来更像是一位朋友而不是敌人。即便对工人阶级来说也是如此。从某种程度上来说，这也和经济学领域自身的发展保持了一致。经济学家对很多形式的政府管制越来越持怀疑态度，比如大多数的职业经济学家，对租赁管制（一种最高价格制度）能够改善市场状况的说法持怀疑态度，这本来被认为是增加人们能够负担得起的房产供给的方法。[5]

然而，哈耶克获得成功的经历同样也是经济原理主义的经历。几十年来，竞争性市场中的供求准则被灌输给了数百万的本科生，而很多学生除了大学一年级学的课程外记不住其他东西。此外，供求准则还通过数不尽的报纸和杂志的专栏、广播和电视脱口秀以及脸书和推特的账号得到宣传。在经济学原理课中的二维黑板上，任何问题的答案都是允许供给和需求达到它们的自然均衡点，这就能确保我们活在所有可能性中最好的那个世界里。简单的分析对于理解现实世界中事物运行的奥秘通常是十分有用的第一步。然而，就其本身而言，其得出的结果是一种狭隘的世界观，这种世界观可以推导出一系列早已注定了的结果。

经济原理主义的伟大成就是把一种政治意识形态重新包装成了一种轻盈的、看上去十分自然的观察世界的框架。其背后显而易见的政治意识形态是哈耶克眼中的（传统欧洲观念中的）自由主义以及其他人眼中的自由市场宗教激进主义或者新自由主义：相信竞争性市场是组织经济活动、最大化物质财富的繁荣以及确保政治自由的最佳方式；在这些市场中，善意的干预在最好的情况下会带来适得其反的结果，最坏的情况是走上通往暴政的道路。哈耶克想在《通往奴役之路》中讨论他遇到的情况，正如弗里德曼在《资本主义与自由》中所做的那样。他们对多种市场中的复杂情况都很熟悉，即便他们经常戴着政治敏锐性的有色眼镜看待经济评价的问题。

然而，对经济原理主义而言，存在的只是盲目的假设和主观臆断的结论。当评论家和政治家提出更高的最低工资会增加失业，或者增加成本分摊会使得医疗保健系统更有效率，或者管制会造成资本错配的时候，他们经常没有意识到自己正在对经济活动应该被如何组织以及其产出应该被如何分配提出争议性的主张。他们反而（不自觉地）假设经济学原理课中的模型是准确的，并且无意识地给出市场的力量会让整个社会变得更好的结论。正如我们从整本书中所看到的，经济原理主义的一个问题是，其论断经常是错的。最低工资、成本分摊以及金融管制的效果全都是十分复杂的问题，而说明问题的证据也必然是错综复杂的。经济原理主义的另一个问题是，通过宣称绝对真理的地位，经济原理主义在实证层面和规范层面都拒绝承认问题还有讨论的余地。这个世界就是这个样子；如果你不同意，你就是不明白经济学原理。这就是一种意识形态达成其最大影响力的方法——把自己装饰成具有深悉事物真正本质的能力的样子。

究竟谁获益了？

为了了解经济原理主义是如何崛起的，我们需要搞清楚一个在所有侦探小说里都最为关键的问题：谁获益了？回顾本书，我们发现经济原理主义推动了对最低工资的压制，降低了非熟练工人的工资，增加了餐厅、零售店和酒店的利润。关于收入基于个人生产力的论点驳回了限制（或者再分配）企业高管或者基金经理这类经济明星的收入的要求。认为税收很糟糕的观点，以及对高收入或者资本征税尤其糟糕的观点，减少了富人的税收账单。与此同时，这种观点也削弱了政府帮助普通家庭的能力，造成的财政压力还限制了社会保障以及医疗保险这类受欢迎项目的规模。对私有市场的盲目迷恋把医疗保健应当由政府提供资金的观点排挤到公众讨论的边缘；对消费者选择的赞扬将高免赔额保险计划推到了前线，这迫使贫困家庭把家里的钱全都拿出来了，而富有的、更健康的家庭则从低税收和金融储蓄账户中获益。关于信贷市场应该尽可能有效率的信念，以及企业和个人能够照顾好自身的信念，给金融机构带来了巨额利润，其高管和员工也获得了前所未有的财富，然而最终却造成了大萧条之后最严重的经济危机。经济原理主义确信贸易会使每个人都变得更好，把对工人家庭因为被外国竞争者"替代"而陷入困境的关注点转移了，此外还伪造了加强大企业权利的国际贸易条约。

经济原理主义的论点经常偏向于有钱人和公司（大部分都是被有钱人持有），而不是受失业、疾病限制的普通家庭。在表 9–1 的案例中，有时候抽象的经济学论证会直接产生具体的结果：如果没有对供给学派经济学进行优美的简化，那么里根和小布什的减税政策永远都不会产生；如果没有格林斯潘极力鼓吹自我修正、自我监管的市场，联邦监管者也许就会对次级贷款泡沫采取若干行动。在其他的一些案例中，经济原理主义通过制造某些特定的、看似自然进程不可避免的结果，达到为现状辩护的目的。尽管我们会说自己喜欢生活在一个更加公平的国家中，但我们对不平等的现实无动于衷。部分原因在于，我们相信自由放任就是最好的选择。[6]

表 9–1 经济原理主义的观点精选

	经济原理主义的主张	更可能存在的现实情形
劳动力市场	• 最低工资导致失业并且危害贫困者 • 人们的收入与他们的工作价值密切相关	• 最低工资（在现阶段）对失业和减少贫困几乎没有影响 • 收入和生产性之间的关系很弱，并且高度取决于议价能力
税收	• 减少对劳动所得征税的税率将有助于激励人们更多地工作，进而促进经济增长 • 减少对资本征税的税率会激励人们储蓄，促进经济增长	• 更低的税收对工作的影响不大，主要对已婚女性有作用 • 储蓄率并不受税率影响（在当前税收水平下）

（续表）

	经济原理主义的主张	更可能存在的现实情形
医疗保健	• 更高的成本分摊促使人们做出更明智的选择，减少浪费并提高健康水平 • 竞争性市场是输送高质量、可支付的医疗保健的最佳方式	• 成本分摊促使人们在所有种类的医疗保健上花费更少 • 具有普及率较高、由政府出资的医疗保健系统的国家有更低的成本以及相同的或者更好的结果
金融市场	• 人们只买对他们有好处的金融产品 • 复杂的金融产品会改善资本的配置	• 很多人对于可调利率抵押贷款这样的复杂产品做出的选择很糟糕 • 极度复杂性会产生过度的风险承担以及系统性的不稳定
国际贸易	• 国际贸易使每个人都变得更好 • 自由贸易协定对普遍繁荣做出贡献	• 国际贸易在平均意义上会使人获益，但是会使一些人变得更糟糕 • 一些"自由贸易协定"和自由贸易没什么关系，但是和公司权利有关系

像经济原理主义这样看待世界的方式，并不是简单地因为它比其他备选方案更加精准或者它是正确的，就能得到广泛传播并具有影响力；相反，它反映了某种信仰并为某个重要利益集团的目的服务，所以这种世界观才变得强大有力。共产主义吸引了19世纪欧洲受压迫的产业工人阶级，但在20世纪中期的美国，资本所有者的财富处于历史最低点：在20世纪50—60年代，收入最高的1%人口的收入所占的比例下降到了20世纪早期水平的一半。[7] 罗斯福新政在大萧条中应运而生，其蕴含的社会思潮取得了支配性的地位。这种思潮通过第

二次世界大战中的共同牺牲精神得到了加强。它确信社会是一个集体性的整体，有义务保护其成员抵御现代生活的风险。对发现战后政治气候"有毒"的知识分子和商人来说，经济原理主义是解毒良方。一方面，好战的保守主义者和自由主义思想家（比如哈耶克和弗里德曼这样的经济学家、黑兹利特和巴克利这样的新闻记者以及戈德华特和里根这样的政治家）明确支持低税收、小政府以及更宽松的管制。另一方面，经济学原理课上由供需驱动的竞争性市场模型渗透到了主流的言论中，把自身从明确的政治意识形态中分离出来，最后变成了评论社会和经济问题时瑞士军刀般的万能答案。

今天，经济原理主义更能反映富人的偏好，而非普通民众的偏好。政治学家本杰明·佩奇、拉里·巴特尔斯和杰森·西赖特最近进行的一项研究表明了金钱到底会对人们对重要事务的看法产生多大的影响。比如，78%的美国人认为应当设立最低工资，这样就没有全职工人处于贫困中，但只有40%的富人是这样认为的；46%的人认为政府应当缩小收入差距，但只有13%的富人是这样认为的；61%的人偏向于全国性的医疗保险，而富人的这一比例只有32%。[8] 在每一个议题上，富人的观点都和他们的利益保持一致。根据经济原理主义的观点，这种现象是合理的。

在一个民主社会中，你也许会认为政治上的结果是由整个社会的偏好决定的。你错了。大量的研究已经表明，在选择普通人偏好的政策还是富人偏好的政策的时候，美国的政治体系会站在金钱这一边。根据马丁·吉伦斯和本杰明·佩奇进行的一项经验研究，公民的平均偏好对一项法案是否通过几乎没有影响，而非常有钱的人的特权却更有可能成为法律。他们发现，"（普通公民）对政策的影响十分微小，或者根本就没有"，"相反，根据估计，经济精英对政策具有实质性的、十分显著的、独立性的影响"。[9]

上层阶级比中产阶级具有更大的政治权力的原因有很多。最明显的就是，他们有钱。根据2012年总统竞选的捐赠记录，最有钱的前0.01%的家庭（也就是收入分配中前1%中的前1%）贡献了其中的40%。[10] 正如法学教授劳伦斯·莱西格所论证的，我们的竞选系统给予极小部分的人权力，让他们去决定谁最终可以上台。[11] 然而，经济原理主义提供了一个具有解释力的框架，论证富人偏好的政策以及因这些政策而产生的不平等是合理的，以此为有钱人的支配地位背书。竞选的财务系统迫使政治家必须对有钱人和大公司投以更多的关注，然后说客们就可以充分利用具有魔力的竞争性市场语言，以确保被选上的领导人代表他们的利益，而根本就不需要什么赤裸裸的行贿。这种有利于经济精英的安排，是由经济原理主义编织出的概念性话语体系筛选出来的，似乎是供需关系力量所形成的必然结果。这并不是说政治家冷笑着用经济学原理掩盖他们为有钱人服务的行径，尽管事情迟早会变成这

231　第九章　可能的最优世界——为谁而设

个样子。一些人可能真诚地相信他们从经济学课程中学到的那点儿知识,或者更有可能的情况是,他们只是相信了他们从上百篇专栏文章中所收集到的片段。经济原理主义对那些自认为看清了这个世界,并没有意识到自己只是通过某个特定的角度看世界的人具有最强的控制力。经济原理主义、竞选资助、社会联系以及文化威望,共同解释了美国政治体系缘何如此迎合有钱人的需求。

我们将往何处去?

经济原理主义在当前的政治制度中扮演了一个重要的角色,在优先采用特定种类的分析方法和论证方式的同时,把其他的方法边缘化。颇具讽刺意味的是,经济学原理教科书中的世界,是由在理想市场中进行交易的原子化的个人和企业构成的,对制度(公司、市场、法院、政府等)并没有什么作用,这些制度自身看起来是一种典型的定义得不好的抽象概念,其性质完全由背后的模型决定。在这个二维世界中,不平等仅仅是竞争性市场进程的自然结果,所以我们会面对阿瑟·奥肯在教科书中所提出的公平和效率之间的权衡取舍问题:减少不平等的政策(比如累进税和对贫困者的援助),将会使面向所有人的"蛋糕"变小。[12] 很多支持经济原理主义的人在这个逻辑上走得更远,对他们来说,不平等是一种好东西,因为它奖励效率,并激励人们进行创新和承担风险。

然而，和经济学原理课的内容相似的是，现实世界中效率和公平之间的权衡取舍并不像我们在课堂黑板上看到的那么明显。国际货币基金组织的经济学家研究了不平等、分配政策和增长之间的真正关系并发现了相反的结果：当其他变量被控制住的时候，更高水平的不平等（在考虑税收和转移支付这样的再分配政策之后）和更慢的经济扩张相伴随。他们总结道："通常来说，综合考虑不同国家和不同时期的情况，政府在收入分配方面的典型做法看上去并没有导致糟糕的经济增长结果，除非这些行动是极端的。而缩小不平等的结果支持了更快、更有持续性的经济增长。"[13]这暗示减少不平等会实际上把用来分给每个人的蛋糕做大，同时也能产生大多数人认为更加公平的财富和收入的分配。

为了理解不平等和总体繁荣之间的关系，我们需要跳出竞争性市场模型的窠臼，看看现实世界中的制度。这是近期经济学研究最为丰富的领域之一。在《国家为什么会失败》一书中，经济学家德隆·阿西莫格鲁和政治学家詹姆斯·罗宾逊通过他们几十年来的研究（其中不少研究是和我的老搭档西蒙·约翰逊合作的）指出制度在经济和政治发展中的重要作用。对一个想要致富的社会来说，只有竞争性市场是不够的，还必须有多元性的、民主的政治制度，以防止精英垄断权力、压制竞争者和攫取超额的资源。在这个模型中，不平等并不是经济动态过程中的一种有害副产品。相反，不平等本身所带来的风险是，经济精英将会主导政治进程，并利用手中的权力巩固自己的社会地位。比如，中世纪晚期的威尼斯是地中海经济的中心和欧洲最富有的城市之一。在13世纪末，其半民主化的政治制度被一小撮富裕家族力量控制，它们利用手中的权力垄断了威尼斯的长途贸易。结果，城市的经济增长停滞了。如今的威尼斯就是一座博物馆。[14] 简言之，经济结果并不由抽象的市场产生，而是由具体的制度产生的；精英们出于获利的目的，用他们不平等的权力塑造了这些制度。

今天，美国仍是一个民主国家。若要摆脱陷入威尼斯式的命运，我们还有很长一段路要走。贫富差距正在持续扩大，政治领袖越来越关注富有的赞助人的利益，而非普通公民的利益。随着精英集团用它们的政治影响力固化自己的社会地位，经济原理主义成为它们的防御武器：经济原理主义认为，不平等是世界上所有可能性中最好的天然的特点，因此我们不必担心不平等问题。正如经济学家约翰·肯尼思·加尔布雷思所说，忽略了权力角色的经济学概念"反而不自觉地成为对公民或者学生进行控制的手段中的一部分，不让他们看清他们到底是谁，会成为怎样的人，以及如何被统治"。[15] 通过给财富和权力的运作蒙上象征性的市场面纱，经济原理主义为现有的秩序抵挡了来自民主制度的挑战。

超越经济原理主义？

如果我们要减少经济原理主义在当代社会的有害影响，首先要做的就是明确指出它到底是什么：一种基于经济学知识中带有误导性的夸张描述而形成的扭曲的世界观。本书的一个目的是展现经济原理主义在实践中的几个例子，尤其是针对那些过度迷信供求逻辑的人。竞争性市场模型可能是一种有力的理论工具，但是对展现复杂的现实世界来说，它仅仅是一个开始，而不是最终世界本身。人们越能明白模型的假设和局限性，就越不可能为模型的轻率论断所左右。毕竟，这些论断仅仅在经济学原理课的黑板上才成立。在现实世界中，许多其他的因素会使得世界复杂化，有时候甚至超出了我们的认知水平。

然而，应对经济原理主义的策略并不是要全盘否定经济原理主义。更准确地说，应对经济原理主义简单模型化问题的最直接做法是进行更多、更好的经济学分析，这可以帮助我们识别社会现象中最为基础的驱动因素，或者帮助我们挑选解决困难问题的最有效的办法。在本书中，我已经强调，更为丰富的理论模型以及更严谨的经验研究可以提供一种比简单的供求关系图更加细致的对世界的理解。关于控制变量和自然实验的统计分析可以帮助我们整理因果关系，估计政治变化的真实影响。实证研究中有时会出现彼此存在竞争关系的学者之间的争论，不过这种争论恰恰反映了社会现实的繁杂性。认识到"经济学"不会为所有问题提供单一的、简单的答案，是卸下经济原理主义令人炫目的外衣的关键。

另一个关键步骤是改进经济学原理的讲授方式，因为很多人都是首先通过经济学原理课程接触经济学原则的。根据最近的一项全球性的本科生项目调查（不只针对大学一年级的课程），"经济学学位（所设置的课程）被高度数学化，所采纳的视角十分狭窄，缺乏对历史性内容、批判性思维以及现实世界应用的重视"。[16]大多数教师意识到了经济学原理的局限性，也许会同意把更多的时间花在经济史、制度、行为经济学和实证研究方法等附加的领域。但问题在于，目前大学一年级的课程设置主要聚焦于竞争性市场模型，要涵盖如此丰富的内容是有困难的。即便这个问题能够得到解决，接受更好的经济学训练也不能完全解决问题，因为大多数人是从当代社会生活的气氛中接纳经济原理主义的，而不是从教科书和教授那里学习到的。

对自身知识局限性有清醒认识的学生以及对轻率论断更具批判性的公众，可以在弱化经济原理主义对当前舆论的控制的过程中发挥重要作用。理解经济学的局限同样也会起到帮助作用。对政策问题的经济学思考大部分是致力于在给定一系列资源的条件下，最大化某些美好的东西（产出、就业、收入、预期寿命、效用等）。经济原理主义所说的所有可能性中最好的世界之所以是最好的，恰恰是因为它实现了社会福利的最大化，而社会福利则被定义为消费者剩余与生产者剩余的加总。在其他重要问题（比如一系列结果在道德上的公正性，以及在政治上的合法性）上，这个准则大多数时候没有什么作用。关于收入或者财富分配的经济学分析有很多，但是人们是否相信给定的收入分配是公平的，或者达成这样的收入分配结果是不是合法的，这些问题无法通过数学方程和证明得到答案。

一个社会的理想目标并不单纯是由经济学决定的。经济原理主义假设社会组织的目标是增加总体上的物质财富。美国的公共政策很大程度上采纳了相同的视角，不过同时又考虑了额外的非物质性的限制（比如人权）。例如，即便在环境保护的问题上，政府也是根据金钱上的成本以及对现在和未来一代的利益去权衡的。然而，为什么拥有越来越多的东西应当成为高于一切的目标？这个问题并没有一个简单的答案。实际上，世界上的大多数宗教（包括美国最流行的宗教）都在教导我们，体验世俗的愉悦或积累财富并不是我们最高的使命（尽管根据某些教派，这些是自我救赎的象征）。几十年来，心理学家以及一些经济学家重新发现并完善了这些古老的观念，指出幸福才是生活中真正重要的东西。在目前所能测度的幸福水平下，我们情感上的幸福的确看上去和收入有关，至少在年收入 75 000 美元以内是这样的，[17] 但幸福显然不只是拥有一大笔钱那样简单。正如经济学家阿马蒂亚·森所说，我们应当关心"人类生活的丰富程度"，而不仅仅是"人类身处社会的富裕程度"。[18]

1930年,凯恩斯强调,由于技术进步,"经济问题"会在约一个世纪内得到解决。人们每周只需要工作15个小时,而这主要是为了让自己保持就业状态。随着人们从积累财富的需求中解放出来,人类生活的本质将会深刻地改变。

> 因此,我看到我们获得了自由,可以返回到宗教和传统价值观中的一些最为确切的准则上,即贪财是犯罪,用高利贷进行勒索是不端行为,拜金是令人憎恨的,以及那些走在追求美德和理性知识的真实道路上的人应当是最不考虑未来的人。我们一度把结果看得比过程重要,倾向于把好的东西看成有用的东西。我们将会尊重那些教导我们如何让每一个小时、每一天都合乎道德并且健康的人,那些能够直接从事物中获得快乐的令人愉悦的人,就像田野上的那些百合花,它们不必辛劳,也不纺线。[19]

近一个世纪后,人类社会生产能力的增长幅度和凯恩斯所预测的一样多。在美国,人均产出将是1930年的6倍多,而且机器人能够完成越来越多人类所能做的工作。[20] 为了让我们国家里的每一个人都能享受舒适的生活,我们已经具备了物质上、金融上以及人力资本上的必要的东西,并且在几代之后,整个星球都将处于相同的状况之中。然而,我们的社会制度仍然和大萧条时期别无二致：一些人十分努力地工作，挣到了比他们所需要的更多的钱，但还有数以百万计的人无法找到工作，生活在贫困之中。

在任何时代，对任何人而言，没有任何一种单一的观察世界的方法是客观正确的。经济原理主义是一个框架，它推广了哈耶克版本的由价格机制统治的自由市场，并获得了巨大的成功。然而，经济原理主义终将退出战场，让位于另一种服务于社会上另外一部分人的利益的世界观。我们希望经济原理主义的继任者能够关注普通工薪阶层和中产阶级的利益，而不是富人的利益。也许这种世界观还能将我们的注意力转向凯恩斯版本的社会。在这个社会中，人们终将从所有经济消费活动中获得解放。

致谢

本书始于 2010 年的一个闪念。当时在完成《13 个银行家》一书的写作之后，我和西蒙·约翰逊商量接下来的计划。最终我们决定撰写《火烧白宫》一书。该书聚焦于财政赤字和国家债务的政治学与经济学分析，而这一主题正是 2011 年和 2013 年债务上限危机中的关键话题。然而，在随后的几年里，我对程式化的经济学课程越来越不满意，因为课程内容通常只从导论教材的前面章节取材，而这些章节通常被视为是对现实世界的无可争辩的客观阐述。有鉴于此，我觉得很有必要写一本有关这方面问题的书。

由于这是我独立撰写的第一本书，我很荣幸能够与原来撰写《13 个银行家》和《火烧白宫》的工作团队中的许多成员一起工作。这些年来，西蒙·约翰逊与我讨论了与本书核心理念相关的各类问题，并在整个过程中给我很多建议和鼓励。

我的经纪人雷夫·萨加林又一次就如何将各种思想融汇到一本书中的问题提供了宝贵的建议。我的编辑埃罗尔·麦克唐纳帮助我厘清了经济原理主义所提出的一些关键性问题，并监督了从零星思想到凝练成书的整个过程。克诺夫双日出版社的很多人都在这一过程中发挥了重要作用，包括克里斯滕·比尔斯、凯瑟琳·库尔塔德、珍妮特·汉森、阿尔蒂·卡佩尔、莉萨·蒙泰贝洛和尼古拉斯·汤姆森。

假若没有数以百计的学者和新闻记者提供了这么多文献材料，我将无法完成本书的写作。我在正文和注释各处向他们表示感谢。我也和很多人讨论了本书及其主题。其中不少人给予我建设性的建议或鼓励（特别是在本书总体论点逐步成形之时），他们包括吉尔·安德森、安妮·戴利、塞思·迪奇克、卡琳·古斯塔夫森、亚历山德拉·拉哈夫、约翰·马哈尼、尼基·帕帕佐普洛斯和霍尔格·斯帕曼。我特别感谢阅读整章（或整篇）手稿并提供宝贵反馈意见的朋友，他们包括迈克尔·阿什、西蒙·约翰逊、郭鲁燮（곽노섭）、弗兰克·帕斯奎尔、彼得·西格尔曼、珍妮弗·陶布以及斯蒂芬·乌茨。至于研究方面的帮助，我非常感谢希拉里·麦克莱伦以及康涅狄格大学法学院托马斯·J.梅斯基尔法律图书馆的工作人员，尤其是安妮·拉若特和研究助理布赖恩·鲍耶、卡罗琳·蔡尔德、托马斯·艾森曼。雷切尔·布朗和希拉里·麦克莱伦几乎帮忙核查了书中所提及的所有事实，而希拉里·麦克莱伦还协助校

对。我自认为是一位相当不错的作家，不过劳拉·费米诺帮我让所有事情变得更好。

康涅狄格大学法学院为本书的写作提供了资金支持（这是唐娜·琼弗里多女士帮我争取到的）。院长蒂莫西·费希尔还批准我一学期的无薪休假，让我得以有时间写作本书。

言归正传，如果没有父亲郭鲁燮（곽노섭）和母亲郭仁卿（곽인경）的养育，以及姐姐玛丽·郭的情谊和支持，我就无法写作本书。埃德·布兰特和费丁·布兰特、阿黛尔·道尔、梅利莎·福斯伯格和威尔·斯坦梅尔均帮助我挤出不少时间，让我得以"逃到"阁楼静心写作。我的孩子薇洛和亨利则是我灵感的源泉，他们不断提醒我思想为何重要。我的妻子西尔维娅·布兰特则为我过去20年中的四段职业历程和现在三本书的完成提供了支持与鼓励，对她的感谢难以言表。

注释

第一章 现实是最好的可能

1 Voltaire, *Candide: Or, Optimism*, trans. John Butt (Penguin, 1947), 20.

2 Gottfried Wilhelm Leibniz, *Theodicy: Essays on the Goodness of God, the Freedom of Man, and the Origin of Evil*, trans. E. M. Huggard (Routledge & Kegan Paul, 1951), 128. 正如一位哲学家和莱布尼茨的传记作者所写,"这个现实世界的所有邪恶在逻辑上都是必要的,以便为所有可能世界中最好的世界带来更大的利益"。Maria Rosa Antognazza, *Leibniz: An Intellectual Biography* (Cambridge University Press, 2009), 486.

3 Voltaire, *Candide*, 20, 23.

4 Thomas Piketty, *Capital in the Twenty-First Century*, trans. Arthur Goldhammer(Belknap Press, 2014), 341.

5 Max Weber, *The Protestant Ethic and the Spirit of Capitalism*, trans. TalcottParsons (Unwin, 1985).

6 Piketty, *Capital*, 349.

7　Sidney Fine, *Laissez Faire and the General-Welfare State* (University of Michigan Press, 1956), 38.

8　Sumner 引用 Richard Hofstadter 的话, *Social Darwinism in American Thought*, rev. ed. (Beacon Press, 1955), 58. See also Fine, *Laissez Faire*, 84-85.

9　Hofstadter, *Social Darwinism*, 5. 例如, 钢铁巨头 Andrew Carnegie 认为自己是 Spencer 的追随者。Fine, *Laissez Faire*, 42.

10　Facundo Alvaredo et al., The World Wealth and Income Database, "United States, Top 1% Income Share," http://www.wid.world; Caroline Freund and Sarah Oliver, "The Origins of the Superrich: The Billionaire Characteristics Database" (Peterson Institute for International Economics working paper 16-1, Feb. 2016), fig. 1.

11　"$3M Party Fit for Buyout King," *New York Post*, Feb. 14, 2007; Alexandra Stevenson and Julie Creswell, "Bill Ackman and His Hedge Fund, Betting Big," *New York Times*, Oct. 25, 2014.

12　与 1971—1973 年相比, 2011—2013 年美国中等家庭的实际收入高 8 个百分点。美国人口普查局, 历史家庭收入表: 表 H-5: 1967—2013 年西班牙裔家庭平均收入和中位数收入。同一时期, 劳动力中 25~54 岁的人口占比从 72.4% 增长至 81.3%。Federal Reserve Bank of St. Louis, FRED Economic Data, "Civilian Labor Force Participation Rate: 25 to 54 Years" (seasonally adjusted). Median income for men: Matt O'Brien, "A Stunning Stat About Pay Seems Impossible but Actually Is True," Wonkblog (blog), *Washington Post*, Sept. 22, 2015.

13　Elliot Blair Smith and Phil Kuntz, "CEO Pay 1,795-to-1 Multiple of Wages Skirts U.S. Law," Bloomberg, April 30, 2013; Carmen DeNavas-Walt and Bernadette D. Proctor, Income and Poverty in the United

States: 2013 (U.S. Census Bureau, Current Population Reports, P60-249, Sept. 2014), fig. 4.

14 G. Warren Nutter, "On Economism," *Journal of Law and Economics* 22, no. 2 (Oct. 1979): 263– 68; John Braithwaite, "The Limits of Economism in Controlling Harmful Corporate Conduct," *Law and Society Review* 16, no. 3 (1981): 481–504; Richard K. Ashley, "Three Modes of Economism," *International Studies Quarterly* 27 (1983): 463–96; Teivo Teivainen, *Enter Economism, Exit Politics: Experts, Economic Policy, and the Damage to Democracy* (Zed Books, 2002), 1–5; Des Gasper, *The Ethics of Development: From Economism to Human Development* (Edinburgh University Press, 2004), 80–81; Jonathan Wolff and Dirk Haubrich, "Economism and Its Limits," in *The Oxford Handbook of Public Policy,* ed. Michael Moran, Martin Rein, and Robert E. Goodin (Oxford University Press, 2006); Howard Brody, *The Golden Calf: Economism and American Policy* (CreateSpace, 2011).

15 Wanniski: Jude Wanniski, *The Way the World Works,* 4th ed. (Regnery, 1998), 89. Reagan: Jerold L. Waltman, *The Politics of the Minimum Wage* (University of Illinois Press, 2000), 44. Mankiw: N. Gregory Mankiw, "I Can Afford Higher Taxes. But They'll Make Me Work Less," *New York Times*, Oct. 9, 2010. Ryan: John McCormack, "Paul Ryan: More Important to Cut Top Tax Rate Than Expand Child Tax Credit," *Weekly Standard*, Aug. 20, 2014.

16 Noah Smith, "101ism," *Noahpinion* (blog), Jan. 21, 2016.

17 Paul A. Samuelson, *Economics* (McGraw-Hill, 1948), 36.

18 Michael M. Weinstein, "Paul A. Samuelson, Economist, Dies at 94," *New York Times*, Dec.13, 2009. 首次在1948年出版的萨缪尔森的教科书在

20世纪70年代以前都是市场领导者。

19 虽然介绍性的教科书包含了垄断和寡头的章节，但是这些章节太形式化了，所以很容易被遗忘，竞争性市场就会好很多。

20 Max Weber, "The Social Psychology of the World Religions," in *From Max Weber: Essays in Sociology,* ed. H. H. Gerth and C. Wright Mills (Routledge, 1991), 271.

21 William J. Baumol & Alan S. Blinder, *Economics: Principles and Policy,* 12th ed. (South-Western Cengage Learning, 2012), 5.

22 实际上，马克思从未写过这样的内容。《共产党宣言》总结道："无产者在这个革命中失去的只是锁链。他们获得的将是整个世界。全世界无产者，联合起来！" Karl Marx & Friedrich Engels, "Manifesto of the Communist Party," in *The Marx-Engels Reader,* ed. Robert C. Tucker, 2nd ed. (W. W. Norton, 1978), 500.

23 N. Gregory Mankiw, *Principles of Economics,* 5th ed. (South-Western Cengage Learning, 2008), 150.

24 Henry Hazlitt, *Economics in One Lesson* (Pocket Books, 1952), 181–82.

25 Bork: Sidney Blumenthal, *The Rise of the Counter-establishment: From Conservative Ideology to Political Power* (Times Books, 1986), 303. Hensarling: Joseph Guinto, "Jeb Hensarling: The GOP's Most Powerful Nobody," *D Magazine,* Nov. 2009. Carender: Michael Grabell, *Money Well Spent? The Truth Behind the Trillion-Dollar Stimulus, the Biggest Economic Recovery Plan in History* (PublicAffairs, 2012), 84.

26 关于新古典经济学的缺点详见：Julie A. Nelson, "Poisoning the Well, or How Economic Theory Damages Moral Imagination," in *The Oxford Handbook of Professional Economic Ethics,* ed. George DeMartino & Deirdre McCloskey (Oxford University Press, 2016)。

27 Matthew Yglesias, "Sorry, Conservatives—Basic Economics Has a Liberal Bias," *MoneyBox* (blog), Slate, Feb. 4, 2014.

28 Dani Rodrik, *Economics Rules: The Rights and Wrongs of the Dismal Science* (W. W. Norton, 2015), 170.

29 Mark Thoma, "Yes, Nick Kristof, There Is a Conservative Bias in Economics," *Fiscal Times*, May 31, 2016.

30 Justin Fox, "How Economics Went from Theory to Data," *Bloomberg*, Jan. 6, 2016.

31 John Komlos, *What Every Economics Student Needs to Know and Doesn't Get in the Usual Principles Text* (M. E. Sharpe, 2014), 10–11; Noah Smith, "Most of What You Learned in Econ 101 Is Wrong," Bloomberg, Nov. 24, 2015.

32 Rodrik, *Economics Rules*, 174.

第二章 市场的魔法

1 Irving Fisher, *The Rate of Interest: Its Nature, Determination, and Relation to Economic Phenomena* (Macmillan, 1907), 6. "Teach a Parrot to Say 'Supply and Demand' and You Have an Economist," Quote Investigator, July 19, 2013.

2 Daniel Kahneman, Jack L. Knetsch, and Richard Thaler, "Fairness as a Constraint on Profit Seeking: Entitlements in the Market," *American Economic Review* 76, no. 4 (Sept. 1986): 728–41; Richard Thaler, *Misbehaving: The Making of Behavioral Economics* (W. W. Norton, 2015), 128; IGM Forum, "Price Gouging," University of Chicago Booth School of Business, May 2, 2012.

3 Clare Stroud, Lori Nadig, and Bruce M. Altevogt, rapporteurs, *The 2009*

H1N1 Influence Vaccination Campaign: Summary of a Workshop Series (National Academies Press, 2010), 15–16.

4 Matthew Yglesias, "When Supply Is Elastic, Gouge Away," *MoneyBox (blog), Slate*, Nov. 2, 2012.

5 Samuelson, *Economics*, 38.

第三章 经济原理主义的演进

1 Karl Marx and Friedrich Engels, "The German Ideology: Part I," in Tucker, *Marx-Engels Reader*, 174.

2 John Maynard Keynes, *The General Theory of Employment, Interest, and Money* (Harvest, 1964), 383; F. A. Hayek, "The Intellectuals and Socialism," *University of Chicago Law Review* 16 (Spring 1949): 418.

3 Hayek, "Intellectuals and Socialism," 418, 432.

4 Karl Marx, "Marx on the History of His Opinions" (from the preface to *A Contribution to the Critique of Political Economy*), in Tucker, *Marx-Engels Reader*, 5.

5 Adam Smith, *The Wealth of Nations,* ed. Edwin Cannan (Bantam Classic, 2003), 78–82.

6 Thomas M. Humphrey, "Marshallian Cross Diagrams and Their Uses Before Alfred Marshall: The Origins of Supply and Demand Geometry," *Federal Reserve Bank of Richmond Economic Review* 78, no. 2 (March–April 1992): 3–23.

7 Daniel T. Rodgers, *Age of Fracture* (Harvard University, 2012), 45.

8 Alfred Marshall, *Principles of Economics,* 9th ed. (Macmillan, 1961), vol. 1, bk. 5, chap. 13, § 5, 471–72.

9 David A. Moss, *When All Else Fails: Government as the Ultimate Risk

Manager (Harvard University Press, 2002).

10 Keynes, *General Theory,* 249–50, 33–34.

11 Ibid., 129, 378–81.

12 Thomas Ferguson and Joel Rogers, *Right Turn: The Decline of the Democrats and the Future of American Politics* (Hill and Wang, 1986), 46–50.

13 Kim Phillips-Fein, *Invisible Hands: The Making of the Conservative Movement from the New Deal to Reagan* (W. W. Norton, 2009), 56–57.

14 Samuelson, *Economics,* 3; Jacob S. Hacker and Paul Pierson, *American Amnesia: How the War on Government Led Us to Forget What Made America Prosper* (Simon & Schuster, 2016), 168–69.

15 John F. Kennedy, "Commencement Address at Yale University" (June 11, 1962), American Presidency Project, http://www.presidency.ucsb.edu/ws/?pid=29661.

16 这些人包括 B. F. 古德里奇公司的总裁戴维·古德里奇、杜邦公司执行副总裁贾斯珀·克兰、威廉·沃尔克基金的管理者哈罗德·卢诺、约翰斯-曼维尔公司的总裁刘易斯·H. 布朗、艾伦-布拉德利公司的联合创始人哈里·布拉德利。Phillips-Fein, *Invisible Hands,* 27, 42, 61.

17 Ibid., 54, 61–65, 163; Ferguson and Rogers, *Right Turn,* 86.

18 包括林德和哈里·布拉德利基金会、阿道夫·库尔斯基金会、埃尔哈特基金会、JM 基金会、科赫家族基金会、莎拉·斯凯夫基金会、史密斯·理查森基金会和约翰·M. 奥林基金会。Alice O'Connor, "Financing the Counterrevolution," in *Rightward Bound: Making America Conservative in the 1970s,* ed. Bruce J. Schulman and Julian E. Zelizer (Harvard University Press, 2008), 152.

19 转引自 Hacker and Pierson, *American Amnesia,* 232。

20 美国保守主义史学的观点可参照如下内容: Sidney Blumenthal, *The Rise of the Counter-establishment: From Conservative Ideology to Political Power* (Times Books, 1986); George H. Nash, *The Conservative Intellectual Movement in America Since 1945* (Intercollegiate Studies Institute, 1996); Jonathan Schoenwald, *A Time for Choosing: The Rise of Modern American Conservatism* (Oxford University Press, 2001); John Micklethwait and Adrian Wooldridge, *The Right Nation: Conservative Power in America* (Penguin Books, 2005); Donald T. Critchlow, *The Conservative Ascendancy: How the GOP Right Made Political History* (Harvard University Press, 2007); Brian Doherty, *Radicals for Capitalism: A Freewheeling History of the Modern American Libertarian Movement* (PublicAffairs, 2007); Phillips-Fein, *Invisible Hands*; Daniel Stedman Jones, *Masters of the Universe: Hayek, Friedman, and the Birth of Neoliberal Politics* (Princeton University Press, 2012); Thomas O. McGarity, *Freedom to Harm: The Lasting Legacy of the Laissez Faire Revival* (Yale University Press, 2013)。

21 Hacker and Pierson, *American Amnesia*, 172.

22 Ludwig von Mises, *Bureaucracy* (Yale University Press, 1944), 20–21, 26–27, 30–31.

23 F. A. Hayek, *The Road to Serfdom: Text and Documents*, definitive ed., ed. Bruce Caldwell (University of Chicago Press, 2007), 59.

24 Ibid., 59, 95–96.

25 McGarity, *Freedom to Harm*, 36.

26 Bruce Caldwell, introduction to *Road to Serfdom*, by Hayek, 19.

27 Bruce Caldwell, "The Chicago School, Hayek, and Neoliberalism," in *Building Chicago Economics: New Perspectives on the History of*

America's Most Powerful Economics Program, ed. Robert Van Horn, Philip Mirowski, and Thomas A. Stapleford (Cambridge University Press, 2011), 303; Phillips-Fein, *Invisible Hands,* 42; Rob Van Horn and Philip Mirowski, "The Rise of the Chicago School of Economics and the Birth of Neoliberalism," in *The Road from Mont Pèlerin: The Making of the Neoliberal Thought Collective,* ed. Philip Mirowski and Dieter Plehwe (Harvard University Press, 2009).

28 F. A. Hayek, *The Constitution of Liberty,* definitive ed., ed. Ronald Hamowy (University of Chicago Press, 2011), pt. 3.

29 Corey Robin, "Nietzsche's Marginal Children: On Friedrich Hayek," *Nation,* May 7, 2013.

30 转引自 Daniel Yergin and Joseph Stanislaw, *The Commanding Heights: The Battle for the World Economy* (Free Press, 2002), 89。

31 Stedman Jones, *Masters of the Universe,* 77; Phillips-Fein, *Invisible Hands,* 44, 49.

32 Nash, *Conservative Intellectual Movement,* 267; Stedman Jones, *Masters of the Universe,* 153.

33 Stedman Jones, *Masters of the Universe,* 98; Milton Friedman, *Capitalism and Freedom,* 40th anniversary ed. (University of Chicago Press, 2002), xv.

34 Friedman, *Capitalism and Freedom,* chap. 2.

35 Ibid., 91–96, 156–58, 124, 185–89.

36 Milton Friedman and Rose Friedman, *Free to Choose: A Personal Statement* (Avon, 1980), 5–12.

37 例如，承销商包括莎拉·斯凯夫基金会、约翰·M. 奥林基金会、格蒂石油公司、《读者文摘》、凡士通轮胎和橡胶公司以及全国独立企业联合会。参见 Free to Choose Media, "Underwriters," http://www.freetochoosemedia.org/broadcasts/ freetochoose/underwriters.php。

38 Friedman, *Capitalism and Freedom*, xii.

39 Phillips-Fein, *Invisible Hands,* 19, 26, 54; Stedman Jones, *Masters of the Universe,* 155; Nash, *Conservative Intellectual Movement,* 18, 346. 早期的支持者包括哈罗德·卢诺、杜邦公司的贾斯珀·克兰、戴维·古德里奇、共和国钢铁公司的查尔斯·怀特和通用汽车公司的唐纳森·布朗。

40 转引自 Phillips-Fein, *Invisible Hands,* 27。

41 Milton Friedman and George J. Stigler, "Roofs or Ceilings? The Current Housing Problem," *FEE Popular Essays on Current Problems* 1, no. 2 (Sept. 1946): 18–19.

42 Stedman Jones, *Masters of the Universe,* 155.

43 Phillips-Fein, *Invisible Hands,* 61–65; Critchlow, *Conservative Ascendancy,* 119–20; Micklethwait and Wooldridge, *Right Nation,* 80.

44 Lee Edwards, *The Power of Ideas: The Heritage Foundation at 25 Years* (Jameson Books, 1997), 26, 32, 53–54, 74.

45 James Allen Smith, *The Idea Brokers: Think Tanks and the Rise of the New Policy Elite* (Free Press, 1991), 221.

46 Roger Hertog and Lawrence J. Mone, preface to *Turning Intellect into Influence: The Manhattan Institute at 25,* ed. Brian C. Anderson (Reed Press, 2004), vi.

47 Edwards, *Power of Ideas,* 4–9; Smith, *Idea Brokers,* 220; Doherty, *Radicals for Capitalism,* 454, 478; John Blundell, "Hayek, Fisher, and *The Road to Serfdom,*" introduction to "The Road to Serfdom," in Friedrich A. Hayek, *The Road to Serfdom, with The Intellectuals and Socialism* (Institute of Economic Affairs, 2001), 28; Critchlow, *Conservative*

Ascendancy, 122; Micklethwait and Wooldridge, *Right Nation,* 80; Manhattan Institute, *Manhattan Forums:The First Five Years,* http://www.manhattan-institute.org/pdf/mi_five.pdf;Rick Carp, "Who Pays for Think Tanks?," Fairness & Accuracy in Reporting, July 1, 2013.

48 Phillips-Fein, *Invisible Hands,* 176.

49 Jane Mayer, "Covert Operations," *New Yorker,* Aug. 30, 2010; Dave Levinthal, "Inside the Koch Brothers' Campus Crusade," Center for Public Integrity, March 27, 2014; Dave Levinthal, "Koch Brothers' Higher-Ed Investments Advance Political Goals," Center for Public Integrity, Oct. 30, 2015; Kris Hundley, "Billionaire's Role in Hiring Decisions at Florida State University Raises Questions," *Tampa Bay Times,* May 9, 2011.

50 Steven M. Teles, *The Rise of the Conservative Legal Movement: The Battle for Control of the Law* (Princeton University Press, 2008), 93–100.

51 Rodgers, *Age of Fracture,* 58.

52 Teles, *Conservative Legal Movement,* 105–8, 112–13, 115–17.

53 转引自 ibid., 212。

54 Ibid., 211.

55 Hazlitt, *Economics in One Lesson,* vii.

56 转引自 Blumenthal, *Rise of the Counter-establishment,* 64。

57 转引自 Phillips-Fein, *Invisible Hands,* 163。

58 Daniel J. Arbess, "The Young and the Economically Clueless," *Wall Street Journal,* Feb. 19, 2016.

59 Elizabeth A. Fones-Wolf, *Selling Free Enterprise: The Business Assault on Labor and Liberalism, 1945–60* (University of Illinois Press, 1994), 40, 83–85.

60 Ibid., 40, 174–75.

61 Matthew C. Klein, "What Does It Mean to Be 'Economically Literate' Anyway?," *FT Alphaville* (blog), *Financial Times,* March 25, 2016.

62 FonesWolf, *Selling Free Enterprise,* 196–97, 201–5.

63 Bethany E. Moreton, "Make Payroll, Not War: Business Culture as Youth Culture," in Schulman and Zelizer, *Rightward Bound,* 55–61, 69.

64 Hazlitt, *Economics in One Lesson,* 5.

65 Ibid., 98.

66 Micklethwait and Wooldridge, *Right Nation,* 79.

67 Nash, *Conservative Intellectual Movement,* 134–40.

68 Stedman Jones, *Masters of the Universe,* 173.

69 William F. Buckley, *God and Man at Yale: The Superstitions of "Academic Freedom"* (Henry Regnery, 1951), 51; William F. Buckley, "Our Mission Statement," *National Review,* Nov. 19, 1955; William F. Buckley, *Up from Liberalism* (Honor Books, 1965), 201–2.

70 Wanniski, *Way the World Works,* xv–xvi.

71 Blumenthal, *Rise of the Counter-establishment,* 194.

72 Wanniski, *Way the World Works,* chaps. 7, 11.

73 Jude Wanniski, "It's Time to Cut Taxes," *Wall Street Journal,* Dec. 11, 1974.

74 Wanniski, *Way the World Works,* 346; Blumenthal, *Rise of the Counter-establishment,* 185–86, 201–2; Jonathan Chait, *The Big Con: The True Story of How Washington Got Hoodwinked and Hijacked by Crackpot Economics* (Houghton Mifflin, 2007), 16.

75 George F. Will, "Utah's Schools Showdown," *Washington Post,* Nov. 1, 2007; George F. Will, "Social Security: Opportunity, Not a Crisis,"

Washington Post, Jan. 20, 2005.

76 David Brooks, "The Center-Right Moment," *New York Times,* May 12, 2015; David Brooks, "The Minimum Wage Muddle," *New York Times,* July 24, 2015.

77 Kiron K. Skinner, Annelise Anderson, and Martin Anderson, *Reagan's Path to Victory: The Shaping of Ronald Reagan's Vision: Selected Writings* (FreePress, 2004), 24.

78 *The Rush Limbaugh Show,* Sept. 29, 2015, http://www.rushlimbaugh.com/daily/2015/09/29/trump_s_tax_plan_reaganesque_but; *The Rush Limbaugh Show,* Jan. 6, 2010, http://www.rushlimbaugh.com/daily/2010/01/06/state_run_media_has_cow_over_rush_s_hospital_press_conference; *The Rush Limbaugh Show,* Dec. 7, 2012, http://www.rushlimbaugh.com/daily/2012/12/07/a_16_year_old_rush_baby.

79 Annie Baxter, "Landlords Have the Upper Hand in Many Rental Markets," *Marketplace,* Feb. 17, 2015; Noel King, "Catching an Uber on New Year's Eve? It'll Cost You," *Marketplace,* Dec. 31, 2014.

80 转引自 Jacob S. Hacker and Paul Pierson, *Winner-Take-All Politics: How Washington Made the Rich Richer—and Turned Its Back on the Middle Class*(Simon & Schuster, 2010), 189。

81 Barry Goldwater, *The Conscience of a Conservative* (Victor, 1960), 5, 12. 这本书其实是由别人代笔的,见 L. Brent Bozell. Nash, *Conservative Intellectual Movement,* 192。

82 Goldwater, *Conscience of a Conservative,* 39–43, 99.

83 Blumenthal, *Rise of the Counter-establishment,* 39–40.

84 Phillips-Fein, *Invisible Hands,* 112–14; Micklethwait and Wooldridge, *Right Nation,* 48.

85　Ronald Reagan, "A Time for Choosing" (Oct. 27, 1964), Ronald Reagan Presidential Library & Museum, http://www.reagan.utexas.edu/archives/reference/timechoosing.html.

86　Stedman Jones, *Masters of the Universe*, 265.

87　Chuck's New Classic TV Clubhouse, "Ronald Reagan Political Ad #2, 1980," YouTube, May 11, 2015.

88　Blumenthal, *Rise of the Counter-establishment*, 120; Phillips-Fein, *Invisible Hands*, 261.

89　转引自 Edward Cowan, "How Regan Sees the Budget," *New York Times*, Oct. 18, 1981。

90　Ronald Reagan, "Inaugural Address" (Jan. 20, 1981), American Presidency Project, http://www.presidency.ucsb.edu/ws/?pid=43130.

91　Ronald Reagan, "Remarks at the Annual Meeting of the Boards of Governors of the World Bank Group and International Monetary Fund" (Sept. 29, 1981), Ronald Reagan Presidential Library & Museum, http://www.reagan.utexas.edu/archives/speeches/1981/92981a.htm.

92　转引自 Blumenthal, *Rise of the Counter-establishment*, 260。

93　转引自 Phillips-Fein, *Invisible Hands*, 259。

94　William J. Clinton, "Address Before a Joint Session of the Congress on the State of the Union" (Jan. 23, 1996), American Presidency Project, http:// www.presidency.ucsb.edu/ws/?pid=53091.

95　Richard K. Armey, *The Freedom Revolution: The New Republican Majority Leader Tells Why Big Government Failed, Why Freedom Works, and How We Will Rebuild America* (Regnery, 1995), 316.

96　George W. Bush, "Address Before a Joint Session of the Congress on the State of the Union" (Jan. 28, 2003), American Presidency Project, http://

www.presidency.ucsb.edu/ws/index.php?pid=29645; George W. Bush, "Remarks in Aurora, Mississippi" (Jan. 14, 2002), in *Public Papers of the Presidents of the United States: George W. Bush, 2002,* bk. 1 (U.S. Government Printing Office, 2004), 64–69.

97 Mitt Romney, "Tax Deal, Bad Deal," *USA Today,* Dec. 14, 2010; Mitt Romney campaign website, archived at archive.org on Sept. 3, 2012; Mitt Romney campaign website, archived at archive.org on Sept. 11, 2012.

98 House Committee on the Budget, *The Path to Prosperity: Restoring America's Promise: Fiscal Year 2012 Budget Resolution* (April 5, 2011), 47, 51.

99 Stephen S. Cohen and J. Bradford DeLong, *Concrete Economics: The Hamilton Approach to Economic Growth and Policy* (Harvard Business Review Press, 2016), 107–8.

100 Rodgers, *Age of Fracture,* 76.

101 David M. Kotz, *The Rise and Fall of Neoliberal Capitalism* (Harvard University, 2015), 83.

第四章　受禄源于有功

1 Ray Dalio, *Principles* (Bridgewater Associates, 2011), 6.

2 U.S. Bureau of Labor Statistics, "A Profile of the Working Poor, 2013," *BLS Reports*, no. 1055 (July 2015). 为此，美国劳工统计局将工作半年以上的劳动力囊括在内。U.S. Bureau of Labor Statistics, "Occupational Employment and Wages—May 2014" (press release), March 25, 2015. 零售销售人员和收银员的每小时工资中位数分别为10.19美元和9.17美元。

3 "McDonald's Helps Workers Get Food Stamps," *CNNMoney,* Oct. 24,

2013.

4   Drew DeSilver, "5 Facts About the Minimum Wage," Pew Research Center Fact Tank, July 23, 2015.

5   1965年9月,最低工资(每小时1.25美元)几乎是一线雇员平均工资(每小时2.65美元)的一半;2015年,最低工资(每小时7.25美元)仅为平均工资(每小时20.81美元)的约1/3。Federal Reserve Bank of St. Louis, FRED Economic Data, "Average Hourly Earnings of Production and Nonsupervisory Employees: Total Private." 经济合作与发展组织显示,在最低工资与平均工资的比率上,美国与墨西哥最低。OECD.Stat, Labour, Earnings, "Minimum Relative to Average Wages of Full-Time Workers."

6   Baumol and Blinder, *Economics*, 5.

7   Hazlitt, *Economics in One Lesson*, 119; Friedman, *Capitalism and Freedom*, 180; Wanniski, *Way the World Works*, 89; Waltman, *Politics of the Minimum Wage*, 44.

8   例如 Mark Wilson, "The Negative Effects of Minimum Wage Laws" (Cato Institute Policy Analysis No. 701, June 21, 2012); "Facts About the Minimum Wage" (Heritage Foundation Factsheet No. 136, Jan. 30, 2014); Douglas Holtz-Eakin and Ben Gitis, "Counterproductive: The Employment and Income Effects of Raising America's Minimum Wage" (Manhattan Institute issue brief 36, July 2015)。

9   Richard K. Vedder, "The Transformation of Economics," *Wall Street Journal*, March 1, 2016; Tim Worstall, "Proof That Raising the Minimum Wage Will Increase Unemployment," *Forbes*, June 11, 2015; Jonah Goldberg, "Bernie and Hillary's Harmful Good Intentions on the Minimum Wage," *National Review*, April 20, 2016.

10　"The Real Minimum Wage," *The FRED Blog*, Federal Reserve Bank of St. Louis, July 23, 2015; Federal Reserve Bank of St. Louis, FRED Economic Data, "Average Hourly Earnings of Production and Nonsupervisory Employees: Total Private."

11　David Card and Alan B. Krueger, "Minimum Wages and Employment: A Case Study of the Fast-Food Industry in New Jersey and Pennsylvania," *American Economic Review* 84, no. 4 (Sept. 1994): 792.

12　David Neumark and William Wascher, "Minimum Wages and Employment: A Review of Evidence from the New Minimum Wage Research" (NBER working paper 12663, Nov. 2006), 121; Hristos Doucouliagos and T. D. Stanley, "Publication Selection Bias in Minimum-Wage Research? A Meta-regression Analysis," *British Journal of Industrial Relations* 47, no. 2 (2009): 406–28; Dale Belman and Paul J. Wolfson, *What Does the Minimum Wage Do?* (Upjohn Institute, 2014), chap. 4.

13　Arindrajit Dube, T. William Lester, and Michael Reich, "Minimum Wage Effects Across State Borders: Estimates Using Contiguous Counties," *Review of Economics and Statistics* 92, no. 4 (Nov. 2010): 961; David Neumark, J. M. Ian Salas, and William Wascher, "Revisiting the Minimum Wage–Employment Debate: Throwing Out the Baby with the Bathwater?," *ILR Review* 67, no. 3 (May 2014) supplement: 608–48. 关于详细回顾20世纪90年代以来的实证最低工资研究，参见 Belman and Wolfson, *What Does the Minimum Wage Do?* 尤其是 chap. 2。

14　IGM Forum, "Minimum Wage," University of Chicago Booth School of Business, Feb. 26, 2013. 34%的人认为低技术工人找工作比较困难，而32%的人认为找工作比较困难（其余的人还没有决定，或者没有意见）。在将最低工资标准提高到每小时15美元是否会增加失业率的问题上，同一小组也存在分歧：26% 的人认为会，24% 的人认为不会。IGM Forum, "$15 Minimum Wage," University of Chicago Booth School of Business, Sept. 22, 2015.

15 Justin Wolfers and Jan Zelinsky, "Higher Wages for Low-Income Workers Lead to Higher Productivity," *in Raising Lower-Level Wages: When and Why It Makes Economic Sense* (Peterson Institute for International Economics briefing 15-2, April 2015), 6–8.

16 John Schmitt, "Why Does the Minimum Wage Have No Discernible Effect on Employment?," (Center for Economic and Policy Research, Feb. 2013), 11–13.

17 Congressional Budget Office, *The Effects of a Minimum-Wage Increase on Employment and Family Income*, Pub. No. 4856 (Feb. 2014); Arindrajit Dube, "Minimum Wages and the Distribution of Family Incomes," Dec. 30, 2013, http://arindube.com/working-papers/. 诺伊马克认为，提高最低工资并不影响贫困率。David Neumark, "Should Missouri Raise Its Minimum Wage?," (Show-Me Institute Policy Study No. 33, Sept., 2012). 不过，杜贝发现，诺伊马克自己的实证研究数据表明，提高最低工资确实可以减少贫困。

18 IGM Forum, "Minimum Wage." 47% 的人认为每小时 9 美元的联邦最低工资是可取的，11% 的人认为不可取。

19 Mike Konczal, "7 Bipartisan Reasons to Raise the Minimum Wage," *Boston Review*, March 3, 2014. 在最近的一次审查中，关于这一专题的所有 8 项实证研究都发现，最低工资的提高导致不平等程度较低。Belman and Wolfson, *What Does the Minimum Wage Do?*, 336.

20 Friedman, *Capitalism and Freedom*, 191–92; Hayek, *Constitution of Liberty*, 424.

21 Peter Coy, "Seven Nobel Economists Endorse a $10.10 Minimum Wage," *Bloomberg*, Jan. 14, 2014.

22 Rubio, Cruz, and Paul: "Transcript: Freedom Partners Forum: Ted Cruz, Rand Paul and Marco Rubio in Conversation with ABC's Jonathan Karl," *ABC News*, Jan. 26, 2015. Bush: J. D. Lutz, "Jeb Bush on Raising Minimum Wage," YouTube, March 17, 2015. Ryan: Washington Free Beacon, "Paul Ryan Demolishes Case for Raising Minimum Wage," YouTube, Jan. 29, 2014.

23 Eric Lipton, "Fight over Minimum Wage Illustrates Web of Industry Ties," *New York Times*, Feb. 9, 2014. 提高最低工资标准的运动有自己的支持利益集团，但其论点一般不是基于经济模式。

24 Andy Puzder, "Killing the Working Class at Wal-Mart," *Wall Street Journal*, Feb. 4, 2016.

25 Michael Lynn and Christopher Boone, "Have Minimum Wage Increases Hurt the Restaurant Industry? The Evidence Says No!" *Cornell Hospitality Report* 15, no. 22 (Dec. 2015): 3–13.

26 Barry Ritholtz, "Historical Perspective on the Minimum Wage," The Big Picture, March 3, 2016.

27 Gerald Mayer, *Union Membership Trends in the United States* (Congressional Research Service Report, Aug. 31, 2004), app. A.

28 Hayek, *Constitution of Liberty*, 388–92; Friedman, *Capitalism and Freedom*, 124.

29 U.S. Bureau of Labor Statistics, "Union Members—2015" (press release), Jan. 28, 2016, table 3.

30 Bruce Western and Jake Rosenfeld, "Unions, Norms, and the Rise in U.S. Wage Inequality," *American Sociological Review* 76, no. 4 (2011): 532.

31 "Transcript: Freedom Partners Forum."

32 Emmanuel Saez and Gabriel Zucman, "Wealth Inequality in the United States Since 1913: Evidence from Capitalized Income Tax Data," *Quarterly Journal of Economics* (2016), table 1; Piketty, *Capital*, 315; Alvaredo et al., *World Wealth and Income Database*, "United States, Top 0.1% Income Share—Including Capital Gains," http://www.wid.world. 在不包括资本收益的情形下，收入最高的 0.1% 的份额从 20 世纪 70 年代的 2.0% 增长到 2010 年以来的 7.6%。在顶层的数据中，很大一部分劳动收入实际上被报告为资本收益，其中的原因将在下文讨论。

33 Elliot Blair Smith and Phil Kuntz, "CEO Pay 1,795-to-1 Multiple of Wages Skirts U.S. Law," *Bloomberg*, April 30, 2013.

34 Ylan Q. Mui, "Seeing Red over a Golden Parachute," *Washington Post*, Jan. 4, 2007.

35 Stephen Taub, "The 2015 Rich List: The Highest Earning Hedge Fund Managers of the Past Year," *Institutional Investor's Alpha*, May 5, 2015.

36 Forbes 400 (2015 Ranking), *Forbes*.

37 Hazlitt, *Economics in One Lesson*, 122.

38 Michael I. Norton and Dan Ariely, "Building a Better America—One Wealth Quintile at a Time," *Perspectives on Psychological Science* 6, no. 1 (2011): 9–12.

39 Peter Rudegeair, "Goldman Ties Leaders' Compensation to Performance," *Wall Street Journal*, April 10, 2015.

40 Friedman, *Capitalism and Freedom*, 166.

41 Laura M. Holson, "Ruling Upholds Disney's Payment in Firing of Ovitz," *New York Times*, Aug. 10, 2005.

42 "Executive Envy," Wall Street Journal, Jan. 21, 2006; Mark A. Calabria, "Regulating Executive Pay" (Cato Institute, Aug. 16, 2010); Jeffrey Dorfman, "The Wrong People Care About CEO Pay, and They Care for the Wrong Reasons," *Forbes*, July 18, 2013; Robert B. Reich, "CEOs Deserve Their Pay," *Wall Street Journal, Sept.* 14, 2007.

43 Tomoeh Murakami Tse, "Long-Serving AT&T Chief to Leave with Huge Payout," *Washington Post*, April 28, 2007; The Intercept, "Former GOP Sen. Phil Gramm: 'It Was an Outrage' That 'Exploited' AT&T CEO Only Got $75 Million at Retirement," Vimeo, July 29, 2015. 尽管格拉姆说，惠特克收到了7 500万美元，但他的实际全部收入至少为1.58亿美元。

44 Susan Fleck, John Glaser, and Shawn Sprague, "The Compensation-Productivity Gap: A Visual Essay," *Monthly Labor Review*, Jan. 2011, 59.

45 Nancy F. Koehn, "Great Men, Great Pay? Why CEO Compensation Is Sky High," *Washington Post*, June 12, 2014.

46 Adair Morse, Vikram Nanda, and Amit Seru, "Are Incentive Contracts Rigged by Powerful CEOs?," *Journal of Finance* 66, no. 5 (Oct. 2011): 1779–821.

47 Buffett: John Komlos, *What Every Economics Student Needs to Know and Doesn't Get in the Usual Principles Text* (M. E. Sharpe, 2014), 127. Galbraith: John Kenneth Galbraith, *Annals of an Abiding Liberal* (Houghton Mifflin, 1979), 79.

48 芬克尔斯坦引自James Surowiecki, "The Comeback Conundrum," *New Yorke*r, Sept. 21, 2015; Marianne Bertrand and Sendhil Mullainathan, "Are CEOs Rewarded for Luck? The Ones Without Principals Are," *Quarterly Journal of Economics 116*, no. 3 (Aug. 2001): 901–32。另见

Markus A. Fitzka, "The Use of Variance Decomposition in the Investigation of CEO Effects: How Large Must the CEO Effect Be to Rule Out Chance?," *Strategic Management Journal 35*, no. 12 (Dec. 2014): 1839–52。

49 Lucian Arye Bebchuk and Jesse M. Fried, "Executive Compensation as an Agency Problem," *Journal of Economic Perspectives 17*, no. 3 (Summer 2003): 71–92; Lucian A. Bebchuk, K. J. Martijn Cremers, and Urs C. Peyer, "The CEO Pay Slice," *Journal of Financial Economics* 102, no. 1 (Oct. 2011): 199–221; Lucian A. Bebchuk, Yaniv Grinstein, and Urs Peyer, "Lucky CEOs and Lucky Directors," *Journal of Finance* 65, no. 6 (Dec. 2010): 2363–401; Lucian Bebchuk and Jesse Fried, *Pay Without Performance: The Unfufilled Promise of Executive Compensation* (Harvard University Press, 2004); Steven N. Kaplan and Joshua Rauh, "Wall Street and Main Street: What Contributes to the Rise in the Highest Incomes?," *Review of Financial Studies* 23, no. 3 (March 2010): 1004–50; Steven N. Kaplan, "Executive Compensation and Corporate Governance in the United States: Perceptions, Facts, and Challenges," *Cato Papers on Public Policy* 2 (2012): 99–164.

50 Financial Crisis Inquiry Commission, *The Financial Crisis Inquiry Report: Final Report of the National Commission on the Causes of the Financial and Economic Crisis in the United States* (PublicAffairs, 2011), 141.

51 Jesse Eisinger and Jake Bernstein, "The Magnetar Trade: How One Hedge Fund Kept the Bubble Going," *ProPublica*, April 9, 2010; Felix Salmon, "The Big Short," Reuters, March 15, 2010.

52 Jon Bakija, Adam Cole, and Bradley T. Heim, "Jobs and Income Growth

of Top Earners and the Causes of Changing Income Inequality: Evidence from U.S. Tax Return Data" (Williams College Economics Department working paper 2010-22, rev. April 2012), table 3.

53 Vivek Wadhwa et al., *The Anatomy of an Entrepreneur: Making of a Successful Entrepreneur* (Ewing Marion Kauffman Foundation, Nov. 2009).

54 Hayek, *Road to Serfdom*, 134.

55 David M. Mason, "Why Government Control of Bank Salaries Will Hurt, Not Help, the Economy" (Heritage Foundation Backgrounder 2336, Nov. 4, 2009).

第五章　激励即一切

1 George Gilder, *Wealth and Poverty* (Regnery, 2012), 256.

2 "The World's Billionaires," *Forbes,* March 1, 2016; Warren E. Buffett, "Stop Coddling the Super-rich," *New York Times,* Aug. 14, 2011.

3 Hazlitt, *Economics in One Lesson,* 25–26; Friedman, *Capitalism and Freedom,* 173; Wanniski, *Way the World Works,* 84–86; Mankiw, "I Can Afford Higher Taxes"; Holman W. Jenkins Jr., "Bad Days for Wal-Mart Americans," *WallStreet Journal,* Jan. 19, 2016.

4 Boehner and Ryan: David Jackson, "Obama, GOP to Revive Tax Debate," *USA Today,* Sept. 18, 2011. Ryan: McCormack, "Paul Ryan."

5 Curtis S. Dubay and David R. Burton, "The Lee-Rubio Tax Plan's Business Reforms Are Tremendously Pro-growth" (Heritage Foundation Backgrounder 3000, March 9, 2015).

6 Friedman, *Capitalism and Freedom,* 174–75.

7 Rand Paul 2016, "Rand Paul's Tax Plan Would Blow Up the Tax Code and Start Over," https://randpaul.com/issue/taxes; Ted Cruz, "A Simple

Flat Tax for Economic Growth," *Wall Street Journal,* Oct. 28, 2015; James Freeman, "The End of the War on Business?," *Wall Street Journal,* Jan. 20,2016.

8   Howard Gleckman, "How the GOP Candidates' Tax Plans Stack Up Against One Another," *TaxVox,* Tax Policy Center, Feb. 18, 2016; Joseph Rosenberg et al., "An Analysis of Ted Cruz's Tax Plan," Tax Policy Center, Feb. 16, 2016.

9   Paul D. Ryan, "A GOP Road Map for America's Future," *Wall Street Journal,* Jan. 26, 2010; Kyle Pomerleau, "Details and Analysis of Dr. Ben Carson's Tax Plan," Tax Foundation, Jan. 6, 2016; Elaine Maag et al., "An Analysis of Marco Rubio's Tax Plan," Tax Policy Center, Feb. 11, 2016.

10 Hazlitt, *Economics in One Lesson,* 25–26; Wanniski, *Way the World Works,* 89–90; Amity Shlaes and Matthew Denhart, "Where the Rubio Tax Plan Falls Short," *Wall Street Journal,* April 2, 2015.

11 Milton Friedman, "High Living as a Tax Shelter," *Newsweek,* Nov. 8, 1976; Hayek, *Constitution of Liberty,* 445; George F. Will, "The Nonexistent Case for Progressive Taxation," *Washington Post,* Dec. 4, 2015.

12 Alan Greenspan, "The Tax System" (testimony before the President's Advisory Panel on Federal Tax Reform, March 3, 2005); House Committee on the Budget, *Path to Prosperity,* 51.

13 James Risen and Robert A. Rosenblatt, "He Urges National Sales Tax: Economists Like Babbitt Plan—but Few Others Do," *Los Angeles Times,* Jan. 25, 1988.

14 Harland Prechel, *Big Business and the State: Historical Transitions and CorporateTransformations, 1880s–1990s* (SUNY Press, 2000), 167.

15 Ronald Reagan, "Message to the Congress Transmitting the Annual Economic Report of the President" (Feb. 10, 1982), American Presidency Project, http://www.presidency.ucsb.edu/ws/?pid=42121.

16 Buffett, "Stop Coddling the Super-rich."

17 事实证明,投资于我们有资格投资的小型企业有一个特定的税收减免优惠,但直到多年后我们才知道。

18 Citizens for Tax Justice, "Top Federal Income Tax Rates Since 1913"; U.S. Bureau of Economic Analysis, table 1.1.1, "Percent Change from Preceding Period in Real Gross Domestic Product"; table 2.1, "Personal Income and Its Disposition."

19 Congressional Budget Office, *The Economic Effects of Comprehensive Tax Reform,* July 1997, 25; Michael J. Boskin, "Taxation, Saving, and the Rate of Interest," *Journal of Political Economy* 86, no. 2, pt. 2 (April 1978): S16.

20 Eric Toder and Kim Rueben, "Should We Eliminate Taxation of Capital Income?," in *Taxing Capital Income,* ed. Henry J. Aaron, Leonard E. Burman, and C. Eugene Steuerle (Urban Institute Press, 2007), 127, 135; Jane G. Gravelle and Donald J. Marples, "Tax Rates and Economic Growth" (Congressional Research Service report R42111, Jan. 2, 2014), 6.

21 Leonard E. Burman, *The Labyrinth of Capital Gains Tax Policy: A Guide for the Perplexed* (Brookings Institution Press, 1999), 56–57, 81.

22 Christopher D. Carroll, "Why Do the Rich Save So Much?," in *Does Atlas Shrug? The Economic Consequences of Taxing the Rich,* ed. Joel B. Slemrod (Harvard University Press, 2002).

23 削减资本利得税率可以导致税收的一次性增加,但这种影响的前提是纳税人有时间进行资产出售;从长远来看,不同的资本利得税率对资本利得收入几乎没有影响。Burman, *Capital Gains Tax Policy,* 60–63.

24 William G. Gale, Aaron Krupkin, and Kim Rueben, "The Relationship Between Taxes and Growth at the State Level: New Evidence," *National Tax Journal* 68, no. 4 (December 2015): 919– 42.

25 Noah Smith, "Growth Fantasy of Tax Cuts and Small Government," *Bloomberg,* July 17, 2015; Menzie Chinn, "The Information Content of the ALEC-Laffer-Moore-Williams Economic Outlook Ranking," *Econbrowser*(blog), July 11, 2015; Menzie Chinn, "Kansas Relative Employment Performance since 2005," *Econbrowser* (blog), May 7, 2016.

26 Citizens for Tax Justice, "Top Federal Income Tax Rates Since 1913"; U.S. Bureau of Economic Analysis, table 1.1.1, "Percent Change from Preceding Period in Real Gross Domestic Product."

27 Congressional Budget Office, *The Distribution of Household Income and FederalTaxes, 2010,* Pub. No. 4613 (Dec. 2013) (Supplemental Data); U.S. Bureau of Economic Analysis, table 1.1.1, "Percent Change from Preceding Period in Real Gross Domestic Product"; U.S. Bureau of Labor Statistics, "Labor Force Participation Rate, 25–54 Years."

28 Emmanuel Saez, Joel Slemrod, and Seth H. Giertz, "The Elasticity of Taxable Income with Respect to Marginal Tax Rates: A Critical Review," *Journal of Economic Literature* 50, no. 1 (March 2012): 3–4; Robert McClellandand Shannon Mok, "A Review of Recent Research on Labor Supply Elasticities" (Congressional Budget Office working paper, 2012-12, Oct.2012), table 2; Gravelle and Marples, "Tax Rates and Economic Growth," summary.

29 Robert A. Moffitt and Mark O. Wilhelm, "Taxation and the Labor Supply:

Decisions of the Affluent," in Slemrod, *Does Atlas Shrug;* McClelland and Mok, "Review of Recent Research," 5; Leonard E. Burman, "Taxes andInequality," *Tax Law Review* 66 (2013): 585.

30. Saez, Slemrod, and Giertz, "Elasticity of Taxable Income," 43.
31. Thomas L. Hungerford, "Taxes and the Economy: An Economic Analysis of the Top Tax Rates Since 1945 (Updated)" (Congressional Research Service report, R42729, Dec. 12, 2012).
32. Peter Diamond and Emmanuel Saez, "The Case for a Progressive Tax: From Basic Research to Policy Recommendations," *Journal of Economic Perspectives* 25, no. 4 (Fall 2011): 171. 最优税率可能略高或略低，这取决于通过创新性会计避税的难易程度。
33. Simon Johnson and James Kwak, *13 Bankers: The Wall Street Takeover and the Next Financial Meltdown* (Pantheon, 2010).
34. For example, see Andy Kessler, "The Capitalist as the Ultimate Philanthropist," *Wall Street Journal,* June 24, 2015.
35. Hayek, *Constitution of Liberty,* 332–33; Friedman, *Capitalism and Freedom,* 34.
36. As recollected by the Supreme Court justice Felix Frankfurter. See "Taxes Are What We Pay for Civilized Society," Quote Investigator, April 13, 2012.
37. 前1%的家庭获得了总减税额的30%以上。Greg Leiserson and Jeffrey Rohaly, "The Distribution of the 2001–2006 Tax Cuts: Updated Projections, November 2006," Tax Policy Center, tables 7–12.

第六章　最睿智的消费者

1. Milton Friedman, "Leonard Woodcock's Free Lunch," *Newsweek*,

April 21, 1975.

2. Centers for Medicare & Medicaid Services, "National Health Expenditures 2014 Highlights"; OECD, "OECD Health Statistics 2015—Frequently Requested Data."

3. Karen Davis et al., "Mirror, Mirror on the Wall: How the Performance of the U.S. Health Care System Compares Internationally, 2014 Update," Commonwealth Fund, June 2014, 7–9; OECD, "OECD Health Statistics 2015." The Commonwealth Fund's overall outcomes metric includes "mortality amenable to medical care, infant mortality, and healthy life expectancy at age 60."

4. Raj Chetty et al., "The Association Between Income and Life Expectancy in the United States, 2001-2014," *Journal of the American Medical Association*, April 26, 2016, 1750–66.

5. Mises, *Bureaucracy*, 21.

6. John F. Cogan, R. Glenn Hubbard, and Daniel P. Kessler, "Healthy, Wealthy, and Wise," *Wall Street Journal*, May 4, 2004.

7. Stuart M. Butler, "Why Conservatives Need a National Health Plan" (Heritage Lecture 442 on Political Thought, March 22, 1993); 信诺的CEO引自 Wendell Potter, *Deadly Spin: An Insurance Company Insider Speaks Out on How Corporate PR Is Killing Health Care and Deceiving Americans* (Bloomsbury Press, 2010), 110。

8. 引自 Potter, *Deadly Spin*, 127。

9. White House National Economic Council, *Reforming Health Care for the 21st Century*, Feb. 2006, 4. 马修斯引自 Julie Rovner, "Bush Makes Push for Health Care Savings Plans," NPR, Feb. 1, 2006。

10. Kaiser Family Foundation and Health Research & Educational Trust, *Em-

ployer Health Benefits: *2015 Annual Survey* (Kaiser Family Foundation and Health Research & Educational Trust, 2015), 79, 126.

11 Nina Owcharenko and Robert E. Moffit, "The Massachusetts Health Plan: Lessons for the States" (Heritage Foundation Backgrounder 1953, July 18, 2006); Robert E. Moffit, "State-Based Health Reform: A Comparison of Health Insurance Exchanges and the Federal Employees Health Benefits Program" (Heritage Foundation WebMemo 1515, June 20, 2007).

12 Edmund F. Haislmaier et al., "A Fresh Start for Health Care Reform" (Heritage Foundation Backgrounder 2970, Oct. 30, 2014); Merrill Matthews, "Ten Principles of a Market-Oriented Health Care System," *Human Events*, Jan. 27, 2014; Lanhee J. Chen and James C. Capretta, "Instead of ObamaCare: Giving Health-Care Power to the People," *Wall Street Journal*, Jan. 22, 2016.

13 House Committee on the Budget, Path to Prosperity, 47；同样可见于Congressional Budget Office, "An Analysis of the Roadmap for America's Future Act of 2010" (letter to Paul Ryan), Jan. 27, 2010。

14 David Goldhill and Paul Howard, "An ObamaCare-Inspired Rebellion," *Wall Street Journal*, July 2, 2015; Sally C. Pipes, "Medicare at 50: Hello, Mid-Life Crisis," *Wall Street Journal*, July 30, 2015. 同样可见于Scott W. Atlas and John F. Cogan, "Two Essential Tools for Repairing the ObamaCare Damage," *Wall Street Journal*, Sept. 2, 2015。

15 Marco Rubio for President, "It's Time to Repeal and Replace Obama Care," https://marcorubio.com/issues/repeal-obamacare-and-replace-it-with-this/; Contract from America, http://contractfromamerica.org; Rick Santorum, "A Flat Tax Is the Best Path to Prosperity," Wall *Street*

Journal, Oct. 12, 2015; Trump, *Time to Get Tough*, 131; Donald J. Trump for President, "Healthcare Reform to Make America Great Again," https://www.donaldjtrump.com/positions/healthcare-reform.

16 Kenneth J. Arrow, "Uncertainty and the Welfare Economics of Medical Care," *American Economic Review* 53, no. 5 (Dec. 1963): 948–51.

17 Uwe E. Reinhardt, "Rethinking the Gruber Controversy: Americans Aren't Stupid, but They're Often Ignorant—and Why," *Health Affairs Blog*, Dec. 29, 2014.

18 有关医疗保健市场理论特点的更多讨论,请参阅 Timothy Stoltzfus Jost, *Health Care at Risk: A Critique of the Consumer-Driven Movement* (Duke University Press, 2007), 96–108。

19 RAND Health, "The Health Insurance Experiment: A Classic RAND Study Speaks to the Current Health Care Reform Debate" (RAND Health Research Highlights, 2006), 3; Jost, *Health Care at Risk*, 130; Zarek C. Brot-Goldberg et al., "What Does a Deductible Do? The Impact of Cost-Sharing on Health Care Prices, Quantities, and Spending Dynamics" (National Bureau of Economic Research working paper 21632, Oct. 2015).

20 引自 Robert Pear, "Harvard Ideas on Health Care Hit Home, Hard," *New York Times*, Jan. 5, 2015.

21 Jost, *Health Care at Risk*, 130; Peter J. Huckfeldt et al., "Patient Responses to Incentives in Consumer-Directed Health Plans: Evidence from Pharmaceuticals" (National Bureau of Economic Research working paper 20927, Feb. 2015).

22 Aaron E. Carroll, "People with Chronic Illness Fare Worse Under Cost-Sharing," *The Upshot* (blog), *New York Times*, May 19, 2014; Amitabh Chandra, Jonathan Gruber, and Robin McKnight, "Patient

Cost-Sharing and Hospitalization Offsets in the Elderly," *American Economic Review* 100, no. 1 (March 2010): 193–213.

23 Asher Schechter, "There Is Regulatory Capture, but It Is by No Means Complete," *Pro-Market* (blog), Stigler Center at the University of Chicago Booth School of Business, March 15, 2016.

24 Arrow, "Uncertainty and Welfare Economics," 945.

25 Ibid., 963–64.

26 John Nyman, "Is 'Moral Hazard' Inefficient? The Policy Implications of a New Theory," *Health Affairs* 23, no. 5 (Sept.–Oct. 2004), 199.

27 Kaiser Family Foundation, "Summary of the Affordable Care Act," April 23, 2013.

28 Liz Hamel et al., *The Burden of Medical Debt: Results from the Kaiser Family Foundation/New York Times Medical Bills Survey*, Kaiser Family Foundation, Jan. 2016.

29 Pear, "Harvard Ideas on Health Care."

30 Jacob S. Hacker, *The Great Risk Shift: The New Economic Insecurity and the Decline of the American Dream* (Oxford University Press, 2008), 142.

31 Commonwealth Fund, *International Profiles of Health Care Systems, 2014* (Commonwealth Fund, Jan. 2015).

32 Daniel Callahan and Angela A. Wasunna, *Medicine and the Market: Equity v. Choice* (Johns Hopkins University Press, 2006), 90.

33 Friedman and Friedman, *Free to Choose*, 106.

34 OECD, Health at a Glance 2015: OECD Indicators (OECD, 2015), 171 and tables 1.1, 1.3, 1.5.

35 See Frank Pasquale, "The Hidden Costs of Health Care Cost-Cutting: Toward a Postneoliberal Health-Reform Agenda," *Law and Contempo-*

rary Problems 77, no. 4 (2014): 174.

36 Hayek, *Constitution of Liberty*, 424.

37 引自 Callahan and Wasunna, *Medicine and the Market*, 210–11。

38 Thomas Rice, "Can Markets Give Us the Health System We Want?," *Journal of Health Politics, Policy, and Law* 22, no. 2 (April 1997): 422–23.

39 See Robert G. Evans, "Going for the Gold: The Redistributive Agenda Behind Market-Based Health Care Reform," *Journal of Health Politics, Policy, and Law* 22, no. 3 (April 1997): 447.

40 Reinhardt, "Rethinking the Gruber Controversy."

41 Daniel A. Austin, "Medical Debt as a Cause of Bankruptcy," *Maine Law Review* 67, no. 1 (2014): 1–23.

42 Lucien Febvre, *The Problem of Unbelief in the Sixteenth Century: The Religion of Rabelais*, trans. Beatrice Gottlieb (Harvard University Press, 1985).

第七章 资本撬动世界

1 Ben Bernanke, "The Subprime Mortgage Market"（在 2007 年 5 月 17 日主题为"银行结构和竞争"的第 43 届芝加哥联邦储备银行年度会议上的发言），https://www.federalreserve.gov/newsevents/speech/bernanke20070517a.htm.

2 房价: Federal Reserve Bank of St. Louis, FRED Economic Data, "S&P/Case-Shiller 20-City Composite Home Price Index," "S&P/Case-Shiller AZ-Phoenix Home Price Index," 和 "S&P/Case-Shiller NV-Las Vegas Home Price Index." 丧失抵押品赎回权: Jennifer Taub, *Other People's Houses: How Decades of Bailouts, Captive Regulators, and Toxic*

Bankers Made Home Mortgages a Thrilling Business (Yale University Press, 2014), 3; Bill McBride, "MBA: Mortgage Delinquency and Foreclosure Rates Decrease in Q3, Lowest Since 2007," *Calculated Risk* (blog), Nov. 14, 2014.

3 参见 Alyssa Katz, *Our Lot: How Real Estate Came to Own Us* (Bloomsbury, 2009), 78–81.

4 Bill McBride, "Mortgage Delinquencies by Loan Type," *Calculated Risk* (blog), Aug. 12, 2012.

5 Federal Reserve Bank of St. Louis, FRED Economic Data, "All Employees: Total Nonfarm Payrolls"; Menzie Chinn, "Closing the Output Gap," *Econbrowser*(博客), Nov. 19, 2015.

6 参见，例如 Mankiw, *Principles of Economics*, 268。

7 Hayek, *Road to Serfdom*, 86; Dieter Plehwe, introduction to *Road from Mont Pèlerin*, by Mirowski and Plehwe, 23.

8 Financial Crisis Inquiry Commission, *Financial Crisis Inquiry Report*, 34.

9 Taub, *Other People's Houses*, 125–27.

10 Kathleen C. Engel and Patricia A. McCoy, *The Subprime Virus: Reckless Credit, Regulatory Failure, and Next Steps* (Oxford University Press, 2011),158.

11 Greg Ip, "Did Greenspan Add to Subprime Woes? Gramlich Says Excolleague Blocked Crackdown on Predatory Lenders Despite Growing Concerns" *Wall Street Journal*, June 9, 2007.

12 Alan Greenspan, "Consumer Finance"（在第4届美联储年度事务研究大会上的发言，2005年4月8日），http://www.federalreserve.gov/BOARDDOCS/Speeches/2005/20050408/default.htm.

13 引自 Manuel Roig-Franzia, "Credit Crisis Cassandra: Brooksley Born's

Unheeded Warning Is a Rueful Echo 10 Years On," *Washington Post*, May 26, 2009。萨默斯拒绝对罗伊格 – 弗兰齐亚的文章发表评论。也可参见 "Interview with Michael Greenberger," *Front line*, July 14, 2009，全文载于 http://www.pbs.org/wgbh/pages/frontline/warning/interviews/greenberger.html。

14 Alan Greenspan, "Government Regulation and Derivative Contracts"（1997年2月21日在亚特兰大联邦储备银行金融市场会议上的发言），http://www.federalreserve.gov/boarddocs/speeches/1997/19970221.htm; Alan Greenspan, "The Regulation of OTC Derivatives"（1998年7月24日银行与金融服务中心委员会的证言），http://www.federalreserve.gov/boarddocs/testimony/1998/19980724.htm.

15 Johnson and Kwak, *13 Bankers*, 138-40.

16 U.S. Securities and Exchange Commission, "Final Rule: Alternative Net Capital Requirements for Broker-Dealers That Are Part of Consolidated Supervised Entities"（2004年6月8日，第34-49830版）.

17 Cohen and DeLong, *Concrete Economics*, 184-85.

18 U.S. Bureau of Economic Analysis, table 6.16, "Corporate Profits by Industry"; Johnson and Kwak, *13 Bankers*, 115-16.

19 Alana Semuels, "The Unfinished Suburbs of America," *Atlantic*, Nov. 14, 2014.

20 Charles Duhigg and Carter Dougherty, "From Midwest to M.T.A., Pain from Global Gamble," *New York Times*, Nov. 1, 2008; Mark Landler, "U.S. Credit Crisis Adds to Gloom in Norway," *New York Times*, Dec. 2, 2007.

21 Financial Crisis Inquiry Commission, *Financial Crisis Inquiry Report*, 90, 108; Taub, *Other People's Houses*, 129.

22 Financial Crisis Inquiry Commission, *Financial Crisis Inquiry Report*, 108.

23 Ibid., 106; Michael Lewis, *The Big Short* (W. W. Norton, 2010), 97.

24 Taub, *Other People's Houses*, 141.

25 Financial Crisis Inquiry Commission, *Financial Crisis Inquiry Report*, 107; Taub, *Other People's Houses*, 129; Engel and McCoy, *Subprime Virus*, 30–32; David Dayen, *Chain of Title: How Three Ordinary Americans Uncovered WallStreet's Great Foreclosure Fraud* (New Press, 2016), 31.

26 Rick Brooks and Ruth Simon, "Subprime Debacle Traps Even Very Credit Worthy," *Wall Street Journal*, Dec. 3, 2007.

27 Taub, *Other People's Houses*, 140–45.

28 *The State of the Nation's Housing*, 2006, Joint Center for Housing Studies of Harvard University, 2006, 3.

29 Dayen, *Chain of Title*, 31–32.

30 Jake Bernstein and Jesse Eisinger, "The 'Subsidy': How a Handful of Merrill Lynch Bankers Helped Blow Up Their Own Firm," *ProPublica*, Dec. 22, 2010.

31 Eisinger and Bernstein, "Magnetar Trade"; Securities and Exchange Commission, "J. P. Morgan to Pay $153.6 Million to Settle SEC Charges of Misleading Investors in CDO Tied to U.S. Housing Market" (press release), June 21, 2011.

32 Michiyo Nakamoto and David Wighton, "Citigroup Chief Stays Bullish on Buy-Outs," *Financial Times*, July 9, 2007.

33 Jake Bernstein and Jesse Eisinger, "Banks' Self-Dealing Super-charged Financial Crisis," *ProPublica*, Aug. 26, 2010.

34 Lewis, *Big Short*, 141–42.

35 引自 "The Watchmen," *This American Life*, WBEZ, originally broadcast

June 5, 2009。

36 Kevin G. Hall, "How Moody's Sold Its Ratings—and Sold Out Investors," *McClatchy*, Oct. 18, 2009; Ben Protess, "S.&P.'s $1.37 Billion Reckoning over Crisis-Era Misdeeds," *New York Times*, Feb. 3, 2015.

37 Andrew Ross Sorkin et al., "As Credit Crisis Spiraled, Alarm Led to Action," *New York Times*, Oct. 1, 2008. 90.

38 James E. Glassma, "Markets & the Economy/ The Week Ahead," JPMorgan Chase, May 3, 2010.

39 Peter J. Wallison, "Elitist Protection Consumers Don't Need," *Washington Post*, July 13, 2009; David C. John, "The Lehman Brothers Collapse: Financial Regulation One Year Later" (Heritage Foundation WebMemo 2610, Sept. 14, 2009); Jeb Hensarling, "Punishing Consumers to 'Protect' Them," *Washington Times*, July 22, 2009.

40 "A Trillion Unintended Consequences," *Wall Street Journal*, July 6, 2010; Peter J. Wallison, "Crisis and Ideology: The Administration's Financial Reform Legislation" (American Enterprise Institute Financial Services Outlook, April 2010); Matt Kibbe, "Key Vote 'No' H.R. 4173: Dodd-Frank Wall Street Reform and Consumer Protection Act," FreedomWorks (press release), July 14, 2010.

41 Peter J. Wallison, "Financial Crisis Inquiry Commission Dissenting Statement," in Financial Crisis Inquiry Commission, *Financial Crisis Inquiry Report*, 441–538.

42 "JPMorgan Chief Warns of Overregulation—Report," Reuters, April 18, 2010.

43 参见 Anat Admati and Martin Hellwig, *The Bankers' New Clothes: What's Wrong with Banking and What to Do About It* (Princeton University Press,

2013)。

44　Diane Katz, "The CFPB in Action: Consumer Bureau Harms Those It Claims to Protect" (Heritage Foundation Backgrounder 2760, Jan. 22, 2013).

45　"Dodd-Frank Cripples Innovation and Economic Growth," Marco Rubio for President, https://marcorubio.com/news/dodd-frank-cripples-innovation-and-economic-growth/;Glenn Kessler, "Rubio's Fantasy Figure on Bank Closures Due to Dodd-Frank," *Washington Post*, Aug. 10, 2015; Guy Bentley, "Sen. Richard Shelby Slams Dodd-Frank and Takes Aim at CFPB," *Daily Caller*, July 21, 2015; Jeb Hensarling, "After Five Years, Dodd-Frank Is a Failure," *Wall Street Journal*, July 20, 2015.

46　Alvaredo et al., World Wealth and Income Database, "United States, Top 1% Income Share," http://www.wid.world; Peter Rudegeair, "Pay Gap Between Wall Street CEOs and Employees Narrows," *Wall Street Journal*, April 5, 2015; Federal Reserve Bank of St. Louis, FRED Economic Data, "Real Median Household Income in the United States."

第八章　皆大欢喜的世界

1　Charles Krauthammer, "Save Obama (on Trade)," *Washington Post*, May 14, 2015.

2　Michael Wayland, "Sanders: Bad Trade Policies Killing Middle Class Jobs," *Detroit News*, March 3, 2016; David Weigel and Lydia DePillis, "Voters Skeptical on Free Trade Drive Sanders, Trump Victories in Michigan," *Washington Post*, March 9, 2016; Binyamin Appelbaum, "On Trade, Donald Trump Breaks with 200 Years of Economic Orthodoxy," *New York Times*, March 10, 2016; "Transcript: Donald Trump Expounds on His Foreign Policy Views," *New York Times*, March 16, 2016.

3   Dave Jamieson, "Why Bernie Sanders and Donald Trump Won the Michigan Primaries," *Huffington Post*, March 9, 2016.

4   John McCormick, "Free-Trade Opposition Unites Political Parties in Bloomberg Poll," *Bloomberg*, March 24, 2016.

5   Federal Reserve Bank of St. Louis, FRED Economic Data, "All Employees: Manufacturing" ; U.S. Census Bureau and U.S. Bureau of Economic Analysis, "U.S. International Trade in Goods and Services, January 2016" (press release), March 4, 2016.

6   Milton Friedman, "Free Trade," *Newsweek*, Aug. 17, 1970; Friedman, *Capitalism and Freedom*, 71; Barry Eichengreen, "Keynes and Protection," *Journal of Economic History* 44, no. 2 (June 1984): 363–73.

7   Matt Yglesias, "Here's What Economists Cheering for the Pacific Trade Deal Are Missing," *Mother Jones*, April 30, 2015; IGM Forum, "Free Trade," University of Chicago Booth School of Business, March 13, 2012.

8   Friedman, *Capitalism and Freedom*, 73; Paul Krugman, "What Should Trade Negotiators Negotiate About?," *Journal of Economic Literature* 35 (March 1997): 113.

9   Appelbaum, "On Trade."

10 Daron Acemoglu et al., "Import Competition and the Great US Employment Sag of the 2000s," *Journal of Labor Economics* 34, no. S1, pt. 2 (Jan. 2016): S145.

11 Milton Friedman, "Do Imports Cost Jobs?," *Newsweek*, Feb. 9, 1981.

12 Cohen and DeLong, *Concrete Economics*, chaps. 1, 4.

13 Congressional Budget Office, *The Effects of NAFTA on U.S.-Mexican*

Trade and GDP, May 2003, 19; Robert E. Scott, "Heading South: U.S. Mexico Trade and Job Displacement After NAFTA" (Economic Policy Institute briefing paper 308, May 3, 2011); Gary Clyde Hufbauer, Cathleen Cimino, and Tyler Moran, "NAFTA at 20: Misleading Charges and Positive Achievements" (Peterson Institute for International Economics PB14-13, May 2014); Lorenzo Caliendo and Fernando Parro, "Estimates of the Trade and Welfare Effects of NAFTA," *Review of Economic Studies 82*, no. 1 (Jan. 2015): 3.

14 Caliendo and Parro, "Effects of NAFTA," 3; Mark Weisbrot, Stephan Lefebvre, and Joseph Sammut, "Did NAFTA Help Mexico? An Assessment After 20 Years," Center for Economic and Policy Research, Feb. 2014.

15 John McLaren and Shushanik Hakobyan, "Looking for Local Labor-Market Effects of NAFTA," *Review of Economics and Statistics* (forthcoming), 6.

16 Acemoglu et al., "Import Competition," S145–S147, S181.

17 Justin R. Pierce and Peter K. Schott, "The Surprisingly Swift Decline of US Manufacturing Employment," *American Economic Review* 106, no. 7 (July 2016): 1632–62.

18 David H. Autor, David Dorn, and Gordon H. Hanson, "The China Syndrome: Local Labor Market Effects of Import Competition in the United States," *American Economic Review* 103, no. 6 (Oct. 2013): 2144–45.

19 David H. Autor, David Dorn, and Gordon H. Hanson, "The China Shock: Learning from Labor Market Adjustment to Large Changes in Trade" (National Bureau of Economic Research working paper 21906, Jan. 2016), 31–35, 37.

20 Lawrence Summers, "A Trade Deal Must Work for America's Middle

Class," *Financial Times*, March 8, 2015.

21 Paul Krugman, "TPP at the NABE," *The Conscience of a Liberal* (blog), New York Times, March 11, 2015.

22 Jason Furman, "Trade, Innovation, and Economic Growth" (remarks at the Brookings Institution, April 8, 2015), https://www.whitehouse.gov/sites/default/files/docs/20150408_trade_innovation_growth_brookings.pdf; Krauthammer, "Save Obama (on Trade)" ; Roger Lowenstein, "TPP and Free Trade: Why Congress Should Listen to the World's Richest Economist," *Fortune*, June 22, 2015; N. Gregory Mankiw, "Economists Actually Agree on This: The Wisdom of Free Trade," *The Upshot* (blog), New York Times, April 24, 2015.

23 Peter A. Petri and Michael G. Plummer, "The Economic Effects of the Trans-Pacific Partnership: New Estimates" (Peterson Institute for International Economics working paper 16-2, Jan. 2016), 20; Jeronim Capaldo and Alex Izurieta, "Trading Down: Unemployment, Inequality, and Other Risks of the Trans-Pacific Partnership Agreement," with Jomo Kwame Sundaram (Tufts University Global Development and Environment Institute working paper 16-01, Jan. 2016), 11, 17.

24 Dean Baker, "Fools or Liars on the Trans-Pacific Partnership?," *Truthout*, March 21, 2016.

25 Jing Luo and Aaron S. Kesselheim, "The Trans-Pacific Partnership Agreement and Implications for Access to Essential Medicines," *Journal of the American Medical Association*, Oct. 20, 2015, 1563–64.

26 See Elhanan Helpman, "Innovation, Imitation, and Intellectual Property Rights," *Econometrica* 61, no. 6 (Nov. 1993): 1247–80.

27 Scott Sinclair, "Democracy Under Challenge: Canada and Two Decades

of NAFTA's Investor-State Dispute Settlement Mechanism," *Canadian Centre for Policy Alternatives*, 2015, 32; Lori Wallach, "Public Interest Takes a Hit Even When Phillip [*sic*] Morris' Investor-State Attack on Australia Is Dismissed," *Huffington Post*, Jan. 5, 2016; Alexander Hellemans, "Vattenfall Seeks $6 Billion in Compensation for German Nuclear Phase-Out," *IEEE Spectrum*, Nov. 12, 2014; Todd Tucker, "TransCanada Is Suing theU.S. over Obama's Rejection of the Keystone XL Pipeline: The U.S. Might Lose," *Monkey Cage* (blog), *Washington Post*, Jan. 8, 2016.

28 Lise Johnson, Lisa Sachs, and Jeffrey Sachs, "The Real Danger in TPP," *CNN*, Feb. 19, 2016; see also Joseph Stiglitz, "The Secret Corporate Takeover of Trade Agreements," *Guardian*, May 13, 2015.

29 Christopher Ingraham, "Interactive: How Companies Wield Off-the-Record Influence on Obama's Trade Policy," *Wonkblog* (blog), *Washington Post*, Feb. 28, 2014.

30 Jared Bernstein, "Seeing Is Believing," *Democracy: A Journal of Ideas* no. 38 (Fall 2015).

31 Simon Johnson and Andrei Levchenko, "The Trans-Pacific Partnership (《跨太平洋伙伴关系协定》): This Is Not About Ricardo," *The Baseline Scenario* (blog), May 21, 2015; Paul Krugman, "101 Boosterism," *The Conscience of a Liberal* (blog), *New York Times*, April 20, 2016.

第九章 可能的最优世界——为谁而设

1 Arthur M.Okun, *Equality and Efficiency: The Big Trade-Off* (Brookings Institution, 1975), 1.

2 Hayek, *Road to Serfdom*, 59, 82.

3　F. A. Hayek, "Foreword to the 1956 American Paperback Edition," in *Road to Serfdom*, 42.

4　WilliamJ. Clinton, "Address Before a Joint Session of the Congress on the State of the Union" (Jan. 23, 1996), American Presidency Project, http://www.presidency.ucsb.edu/ws/?pid=53091.

5　IGM Forum, "Rent Control," Feb. 7, 2012.

6　Norton and Ariely, "Building a Better America—One Wealth Quintile at a Time."

7　Alvaredo et al., *World Wealth and Income Database*, "United States, Top 1% Income Share," http://www.wid.world.

8　BenjaminI. Page, Larry M. Bartels, and Jason Seawright, "Democracy and the Policy Preferences of Wealthy Americans," *Perspectives on Politics* 11, no. 1 (March 2013): 57, 58, 63.

9　Martin Gilens and Benjamin I. Page, "Testing Theories of American Politics: Elites, Interest Groups, and Average Citizens," *Perspectives on Politics* 12, no. 3(Sept.2014): 572–73.

10　Adam Bonica et al., "Why Hasn't Democracy Slowed Rising Inequality?," *Journal of Economic Perspectives* 27, no. 3 (Summer 2013): 111.

11　Lawrence Lessig, *Republic, Lost: The Corruption of Equality and the Steps to End It*, revised ed. (Twelve, 2015), 16–17.

12　Okun, *Equality and Efficiency*.

13　Jonathan D. Ostry, Andrew Berg, and Charalambos G. Tsangarides, "Redistribution, Inequality, and Growth" (IMF staff discussion note 14/02, Feb.2014), 8–9, 26.

14　Daron Acemoglu and James Robinson, *Why Nations Fail: The Origins of Power*, Prosperity, and Poverty (Crown Business, 2012), 152–58.

15 John Kenneth Galbraith, "Power and the Useful Economist," *American Economic Review* 63, no. 1 (March 1973), 6.

16 "Economics Degrees Still 'Too Narrow in Focus'," *Times Higher Education*, March 26, 2016.

17 人们的日常幸福感往往只会提高到家庭年收入75 000美元左右的水平；丹尼尔·卡尼曼和安格斯·迪顿认为，随着收入的不断增加，人们对自己生活的评价，即另一种衡量幸福的方法，确实会随着挣更多的钱而不断提高。Daniel Kahneman and Angus Deaton, "High Income Improves Evaluation of Life but Not Emotional Well-Being," *Proceedings of the National Academy of Sciences* 107, no. 38 (Sept. 21, 2010): 16. 489–493.

18 Hacker and Pierson, American Amnesia, 27.

19 John Maynard Keynes, "Economic Possibilities for Our Grandchildren," in *Essays in Persuasion* (Classic House Books, 2009), 201.

20 Louis Johnston and Samuel H. Williamson, "What Was the U.S. GDP Then?," Measuring Worth, http://www.measuringworth.org/usgdp/.

译后记　接受经济学训练的意义

作为经济学的教学研究工作者，我每年都会指导或评阅为数不少的本科生与研究生的毕业论文。研究生的论文没有太多值得特别说明之处，那些论文已经通过了严格的答辩程序，姑且不论学术价值几何，整个研究的内容是相对完整的，研究方法即便没有太出彩的地方也是比较规范的。事实上，大多数非专业读者很难分辨这些论文和学术杂志上刊登的论文有什么区别。

然而关于本科生的毕业论文，情况就大不相同。绝大多数论文所采用的分析方法可谓简陋：画二阶方阵求博弈中的纳什均衡结果、搜集一些数据做简单线性回归或者干脆在笛卡儿坐标系里面画一个十字，求自己预设的情况中各个三角形面积之和，等等。调整某些经典经济学模型中的参数或函数形式，或者对静态优化模型进行比较静态分析的研究已经十分少见了；

涉及动态随机优化、匹配、一般均衡的则更为罕见。尽管本科生的论文中也不乏具有洞察力和学术价值的观点，但其中的绝大多数都很难达到严格意义上的学术论文的标准，更像是准备充分的课程作业。课程作业当然有它的价值，几乎所有现代经济学家都是从撰写课程作业开始走上专业研究道路的。但是本科生接受经济学训练的目的达到了吗？或者换个问法，在我们当下的知识体系中，经济学专业的本科生在毕业的时候，到底学会了什么？

此处无意抹杀那些本科生的努力程度和学术潜力，他们中的绝大多数后来在学业上或事业上也都取得了耀眼的成就。我们只想交代一个与这本书有关的事实，那就是在目前本科生需要花费大量精力完成通识教育的情况下，仅按照课程要求，即便在中国最好的大学里面，绝大多数经济学类的本科生都不具备独立进行经济学研究的能力，他们所掌握的分析工具和所接受的学术训练都非常有限。在完成经济学原理（也就是本书中所提到的 Economics 101）的学习之后，本科阶段在此基础上的扩展相当有限。

中级微观经济学只是利用高等数学中的拉格朗日乘子法等工具以及最简单的概率论知识，对经济学原理中的微观部分进行了稍微细致一些的讨论，几乎不会涉及各种微观分析框架所需要的前提假设及其问题（例如：偏好假设与效用函数的关系、需求曲线的可加性、用马歇尔需求函数近似计算社会福利，等等），也不讨论比较静态分析所需要的数学技巧以及连续和非连续条件下动态优化的计算方法等常用的经济学研究所需要的分析工具。中级宏观经济学绝大部分内容都是在用线性方程组考察凯恩斯宏观经济学理论，仅仅使用了新凯恩斯主义的研究结论分析问题，对其依赖的核心假设和有争议性的推导步骤（例如：垄断竞争性市场结构、迪克西特－斯蒂格利茨产品多样理论、价格黏性的表现形式、均衡点上的一阶泰勒展开等）则缺乏讨论。

如果不进行针对性的课程学习并加以大量的训练，一个本科生所具备的分析框架就不会超过上述经济学原理所涉及的范畴。那么问题就来了——

正如这本书所多次提到的，一个经济学专业毕业的学生多年后只能记得经济学原理课中的几个重要结论，其原因并不是他把本科阶段所学的东西都忘得差不多了（尽管这或许是有可能发生的事情），而是本科阶段所讲授的内容本质上就只有那么多。除了在笛卡儿坐标系里面画十字，通过计算各种三角形的面积对比所谓社会福利的变化，或者再根据不同情况把总供给曲线和总需求曲线进行各种各样的变换和移动之外，经济学类专业的本科生并没有被要求学习其他的分析方法。

由于传统的经济学不是证伪科学而是证实性的，其通过逻辑演绎得到的结论在假设成立的情况下是绝对正确、不可置疑的。因此，缺乏更系统深入的经济学训练和不具备哲学知识基础的学生，很有可能忽略其适用条件，坚信自己所学的初等理论的正确性。然而事实上，找到经济理论适用的环境恰好是传统经济学要做的最重要的工作之一。理论基础不扎实，加之相关利益集团的误导，导致了经济学类专业的毕业生往往自以为是地截取教科书上那些并不能准确反映现实世界的结论，并以此作为政策制定的依据，这正是这本书指出的一个重要的社会问题。这种现象不仅在美国十分普遍，近几年来在中国也越发严重。

这本书详尽介绍了经济学原理中的一些经典结论及其推导过程，并用大量已有的经济学研究和经验数据证明了这些结论存在的巨大问题。无论你是否了解经济学，也无论你接受了什么水平的经济学训练，在看过这本书之后都能对自己原有的思维模式有所反思，进而提高自己评判日常生活中经济类信息的能力。在很多情况下，甄别那些从经济学原理教材中摘抄出来的一知半解的经济学论断是否靠谱，并不需要你有多么高的理论水平，多了解一些经济数据和历史事实就足够了。如果你有经济学专业背景的朋友再次一本（知）正（半）经（解）地谈论"提高最低工资引发失业"或者"关税降低社会福利"，那么你不必用议价能力、贝弗里奇曲线或者内生经济增长理论反驳他的论断，只要让他解释中国或者美国最低工资和失业率为何没按照他的说法变动，或者问问他发展中国家通过自由放任能否实现产业升级，他多半就没什么话可说了。

尽管这本书告诉了我们一个不幸的事实，即大多数经济学类专业的毕业生所学的内容不足以解释复杂的现实世界，但这并不能说明这些学生必然会不断地复述被某些利益集团鼓吹的、与现实情况相去甚远的结论。他们所接受的经济学训练依然具有宝贵的价值。

在任何阶段学习经济学的真正意义，都不是掌握某种经济学分析方法或者熟悉某些经济学研究中的结论，无论那些研究方法有多复杂，研究结论有多重要。经济学与其他社会科学最大的不同之处在于，它永远不满足于"就事论事"，永远都试图用人性中不可避免的"趋利避害"行为逻辑去寻找各种社会现象内在的形成机制，并以此作为预测未来事物发展方向的依据。请注意经济学这种独特的思维模式，正是大量演绎逻辑和数学工具的运用构成了经济学拥有"社会科学王冠上的明珠"这一崇高地位的基础。接受过经济学训练的人，在研究某个问题时会尽自己所能找出导致一种结果出现的严谨、清晰的逻辑链条，并以此分析各种行动会给各方带来怎样的收益或损失。这本书所列举的或者我们日常生活中所看到的，依托于各种初等理论加以扭曲宣扬荒谬结论的行为，显然不是学习经济学的结果（可能是没学好经济学的结果），因为它们连发生了什么问题都没弄清楚，或者装作没弄清楚而已。

综上所述，接受经济学训练的真正意义不在于学会了什么分析方法，或者掌握了哪些经济模型和理论，而是学习经济学之后能够形成一种特有的思维模式的惯性。这种惯性要求你在形成具体观点之前，应当依托于经济学的基本假设，在客观理性的立场上尽自己所能形成一条严谨合理的逻辑链条。这是一种方法论，也是一种世界观。它恐怕和接受了多高程度的经济学训练无关，而和个人的"直觉"与"天性"有关。

这本书的英文原标题是 Economism，直译是"经济主义"。但在现代汉语中，"经济主义"已经有相对约定俗成的理解，同时又太笼统，并不能体现这本书作者想要表达的内涵。假如按照书中的主线——Economics 101 译作"经济原理主义"，似乎过于平淡，也丢失了书中的批判精神（原书的副标题是"糟糕的经济学与加剧的不平等"）。《被扭曲的经济学》未必准确，不过好在抓住了问题导向，更能引起大家的关注。这个标题的关键在于，经济学是如何被扭曲的。

正如本科生迷信竞争市场模型一样，当今的经济学家们似乎过于相信主流经济学的研究范式了。相比于其他社会科学，经济学研究者接受了更多的数学和统计学训练，也因研究对象与金钱利益紧密相关而往往有更丰厚的收入，他们据此有了某种处于"学科鄙视链"顶端的优越感。然而，一个学科的从业者更富有，并不能证明这个学科的理论和范式就是绝对正确的。优化模型或者统计分析工具的正确性，也不代表经济学家们可以违反科学研究的基本规律。政治经济学奠基性人物约翰·斯图亚特·穆勒警告道："只研究政治经济学而不研究其他任何科学的纯粹政治经济学家,如果企图将他的科学应用于实践,那就非失败不可。"

令人遗憾的是,经济学界现在的许多研究犯了不愿意充分了解其他学科和历史经验事实的错误。比如:不顾战争威胁和宗教文化环境,强行认为不同国家金融市场利率差异是由政府管制多少决定的;不顾历史上的国家博弈和民族矛盾,强行假设政治观点和聚居地区之间的反向因果关系,等等。为数众多的经济学研究者往往在其他领域中通过数据分析或者自己构想的模型,得到符合所谓"经济学直觉"的结论就满意了。他们无视理性人等假设的局限性与其他领域中传统经济学很少顾及的约束条件,得出的结论要么拾其他学科之牙慧,要么看上去荒谬至极。如果经济学家们能够放下自己所谓"主流"的优越感及其形成的傲慢偏见,虚心学习其他学科最基础的常识,那么经济学或许能在未来取得更重大的理论突破。

这本书还有许多使人印象深刻的分析。比如作者让我们知道,米塞斯、哈耶克、弗里德曼等人的自由市场思想在美国拥有广泛的影响,很可能并不是他们的学说在思想市场中自由竞争的结果。FEE 资助米塞斯在纽约大学获得教职;哈耶克的朝圣山学社接受了 FEE 和沃尔克基金会的赞助;弗里德曼担任顾问的 AEI 作为保守政策智库的典范,在极为雄厚的资本与资源支援下,不断发布论证竞争性市场优于多种形式政府干预的文章。这些自由主义经济学家终其一生都在追求的摒弃国家干预的理想，在他们背后利益集团的支持下终于强势"干预"了美国的思想市场。

考查上述这段自由市场思想在美国的蔓延历程，无疑对中国的经济学界也是一种提醒。在整个自由市场思想的传播过程中，除了相关的基金会和智库，美国的各类媒体也深度参与，起到了显而易见的推波助澜的作用。基金、智库、媒体的影响目标非常明确，专门面向政治家、决策者和知识分子。它们的目标从来不是公众，因为公众的意见并不重要，不会解决它们关心的问题，也不能保护它们的利益。

张亚光

北京大学经济学院副院长、博士生导师、长聘副教授